Inhalt

Vorwort

Die Liebe zum Gebirge, zur Natur, eine Portion Neugierde, Abenteuerlust und der Wunsch, Menschen zu begegnen, führen mich seit 30 Jahren in die Welt der Berge und seit 20 Jahren immer wieder in Himalaya und Karakorum. Dort, in einer der letzten großen Urlandschaften unserer Erde unterwegs zu sein, durch die Täler zu wandern, auf Berge zu steigen, bedeutet für mich einfaches und erfülltes Leben. Der Schritt wird wieder zum Maß vieler Dinge. Viele Ereignisse, die daheim wichtig und bedeutsam erscheinen, verlieren ihren Stellenwert. Das Erleben der Natur in ihren elementarsten Formen bringt wieder Ruhe und Gleichgewicht – die Gedanken und Sinne verlassen alte Bahnen und gleiten in bessere Richtungen. Es lohnt sich, die Erde unter den Sohlen zu spüren, den Wind zu fühlen, Weg und Spiel des Wassers zu beobachten, im Schatten eines Baums zu rasten, auf dem Rücken liegend zu den Wolken zu schauen und der Phantasie keine Schranken zu setzen.

Ein noch größeres Erlebnis als die Begegnung mit den Bergen und der Natur war jenes mit den Menschen in Himalaya und Karakorum. Die Begegnung mit den Frauen und Männern, die für uns wochenlang die Lasten trugen, die für uns kochten, in ihre Hütten und Häuser einluden, bei denen wir übernachten durften, als das Land im Regen zu ertrinken schien. Es waren auch die Männer, die uns mit ihren Yaks, Dzos, Mulis und Ziegen begleiteten durch Schluchten und über Pässe, Gletscher und Hochflächen, durch heißen Sand und tiefen Schnee.

Für mich lag es nahe, das Gesehene und Erlebte in Bildern festzuhalten, mitzuteilen und auch zu veröffentlichen. Nach dem Erscheinen meines Nepal-Buchs im Jahr 1976 reifte der Wunsch, ein möglichst umfassendes Bildwerk über die höchsten Gebirge der Erde, Himalaya und Karakorum, zu beginnen. Von Anfang an war ich mir unterschiedlicher Schwierigkeiten bewußt, besonders jener, daß einige Länder und Gebiete aufgrund der politischen Verhältnisse nicht zu erreichen waren. Rückblickend gesehen, hat sich die Lage im Lauf der Jahre zunehmend gebessert, was aber nicht über die anhaltenden politischen Spannungen in und zwischen den Himalayaländern hinwegtäuschen soll.

Da es schon Hunderte von Büchern über Expeditionen zu den höchsten Bergen gibt, habe ich darauf verzichtet, Fakten, Daten und Ereignisse zu wiederholen.

Mein Bestreben war es vielmehr, ein schönes und vielseitiges Buch zu machen. Zu Bildern von all den Mißständen und negativen Entwicklungen im Himalaya habe ich Abstand genommen. Meine Augen und Sinne waren aber nicht verschlossen vor den scheinbar unlösbaren Problemen, der Überbevölkerung, der Not, dem Elend und der Zerstörung.

Es war mir wichtig, neben den Gebirgen aus Fels, Eis und Schnee auch die Menschen zu zeigen, die Landschaften, in denen sie leben und von denen sie in Jahrhunderten mitgeprägt wurden. In einer Welt, die sich immer mehr angleicht, nicht nur in Äußerlichkeiten wie Blue jeans, Coca-Cola und Wellblech, sondern auch in Seh-, Denk- und Verhaltensweisen, sind Gebiete wie der Himalaya, in denen sich noch eigenständige, fast unberührte Kulturen und Lebensweisen erhalten haben, wie ein kostbarer Juwel.

Der Himalaya ist ein besonderer Raum, durchdrungen von geistigen Spannungen und Strömungen. Ich glaube, daß kein anderes Gebiet so stark von guten und positiven Kräften erfüllt ist.

Jürgen Winkler

Wüstenhafte Gegend von Muktinath im nördlichen Nepal. Die 8000 Meter hohen Ketten des Dhaulagiri und der Annapurna im Süden bilden eine gewaltige Klimascheide. Im Bild die Ortschaft Jharkot und einige Gipfel (über 6000 m) des Hidden Valley.

Entstehung und Lage des Himalaya

Die völlig mit Schutt bedeckte Zunge eines namenlosen Gletschers im Barun-Gebiet (4800 m). Im Hintergrund der fünfthöchste Berg der Erde, der 8481 Meter hohe Makalu.

Wie mag die Erde vor Jahrmillionen ausgesehen haben? Diese Frage beschäftigt nicht nur die Wissenschaftler, sondern auch die Phantasie vieler Menschen, die sich für ferne Länder interessieren.

Meere und Kontinente haben nicht nur ihre Formen und Klimate verändert, sondern auch ihre Lage auf dem Globus. Heute wissen wir, daß alle Dinge, angefangen bei denen im Mikrokosmos bis zu denen im Weltall, immerwährenden Veränderungen unterworfen sind, die sich in Zeiträumen verschiedener Länge vollziehen.

Anfang des 20. Jahrhunderts begannen Menschen erstmals systematisch und mit größerer Intensität, sich mit der Entstehung von Bergen und Gebirgen zu beschäftigen.

Es entstanden unterschiedliche und widersprüchliche Theorien, die wieder verworfen oder auch erneut aufgegriffen wurden. Das Puzzlespiel aus frühen Arbeiten und Erkenntnissen auf diesem Gebiet und die weltweiten Forschungen mit Hilfe modernster Technik in den letzten 20 Jahren vermitteln uns heute ein einigermaßen umfassendes Bild von Kräften und Vorgängen in und auf unserer dünnen Erdkruste. Dazu gehören die Veröffentlichungen des Meteorologen, Geologen und Polarforschers Alfred Wegener. Er war Verfasser und Verfechter der Theorie von der Kontinentaldrift (veröffentlicht 1912) und vertrat unter anderem die Meinung, daß der amerikanische und der afrikanische Kontinent in Urzeiten eine Einheit bildeten, dann aber in vielen Jahrmillionen auseinanderdrifteten und zu dem wurden, was sie heute sind.

Zu dieser Annahme veranlaßten ihn – vereinfacht gesagt – die auffallend gut ineinanderpassenden Küstenkonturen und geologischen Gegebenheiten, die sich auf beiden Erdteilen an entsprechenden Stellen in Einklang bringen ließen. Er war überzeugt, daß die Erdoberfläche, diese in Relation zur gesamten Erdmasse hauchdünne Rinde, einer in großen Zeiträumen ständigen Bewegung auf dem heißen, zähflüssigen Erdmantel unterworfen ist. Seine Theorie vom Driften der Kontinente wurde mangels überzeugender Beweise bis in die fünfziger Jahre angezweifelt. Die große Frage nach den Ursachen, nach den Kräften, die ganze Kontinente auseinanderreißen oder miteinander kollidieren lassen, konnte zu Lebzeiten Wegeners nicht geklärt werden. Er starb 1930 bei einer Grönlanddurchquerung. Viele Forschungsergebnisse der letzten Jahre zeigen aber deutlich, daß er den richtigen Weg verfolgte.

Geologen und Geophysiker bedienen sich bei ihren Forschungen heute einer ausgefeilten Technik, die noch vor 30 Jahren kaum denkbar gewesen wäre. Man führt extrem tiefe Bohrungen in die Erd- und Meereskruste durch, bedient sich der Luftbildphotographie, der Gravimetrie (Messungen der Veränderlichkeit der Schwerkraft), seismologischer Messungen von natürlichen und künstlich erzeugten Erdbeben und des Spezialsatelliten Lageos. Dieser steht mit mehreren Bodenstationen in Kontakt und ist in der Lage, über Jahre geringste Verschiebungen der Erdoberfläche zu registrieren.

Vor etwa 200 Millionen Jahren – so die Theorie von heute – bildeten auf der südlichen Erdhalbkugel Südamerika, Afrika, Australien, der indische Subkontinent und die Antarktis eine riesige Landmasse – Gondwanaland. Eine zweite riesige Landmasse befand sich auf der nördlichen Erdhalbkugel, zusammengesetzt aus Nordamerika, Grönland und Eurasien. Dazwischen lag das Tethysmeer. Aus diesen Urkontinenten entstanden mehrere Schollen, die auseinanderdrifteten. Eine davon war der indische Subkontinent, der nach Norden, in Richtung Tibet, bewegt wurde. Als wesentliche Ursachen für das Driften der Schollen sehen Forscher die starke Erdrotation und gewaltige Bewegungen im Innern der Erde, ausgelöst durch Konvektionsströme (Aufsteigen von heißer Materie und Absinken von abgekühlten Massen). Die Wissenschaftler haben heute recht einleuchtende Erklärungen für die Vorgänge bei der Kollision von Kontinenten. In den großen Gewichtsunterschieden zwischen den ozeanischen und den kontinentalen Krusten finden sie eine Erklärung für das Überschieben und Abtauchen der Schollen. Messungen haben außerdem ergeben, daß die spezifisch schwerere Meereskruste Stärken zwischen nur fünf und zehn Kilometern aufweist im Gegensatz zur 25 bis 50 Kilometer dicken, aber spezifisch leichteren Erdkruste. In Tibet und dem Himalaya lagen die Werte sogar zwischen 70 und 80 Kilometern. Aus diesen Daten läßt sich leicht ersehen, welch ungeheueren Kräfte wirkten und wirken, um das höchste Land und das höchste Gebirge der Erde zu schaffen. Selbst die ganz großen Berge sind nur verhältnismäßig kleine Buckel im Vergleich zu den gewaltigen Gesteinsmassen, die zehnmal so tief, bis zum zähflüssigen Erdmantel, hinabreichen.

Die Erdschollen unterscheiden sich außerdem durch ihre verschiedenen Entstehungsphasen. Ein Alter von rund vier Milliarden Jahren wurde für die Kruste der Kontinente und 180 Millionen Jahre für die »junge« Kruste unter den Meeren errechnet.

So driftete der indische Subkontinent – er tut das heute noch, allerdings verlangsamt – mit einer Geschwindigkeit von mehreren Zentimetern pro Jahr gegen Norden. Nach Millionen von Jahren schob sich dann die Kruste des Tethysmeers teilweise unter, teilweise über das tibetische Festland. Die in den zähflüssigen Erdmantel abtauchenden Gesteinsmassen wurden aufgeschmolzen und nach oben bis in die äußerste Erdrinde hineingepreßt. An vielen Stellen durchbrach das flüssige Magma den Erdboden. Feuerspeiende Berge – Vulkane – entstanden, unter anderem in der Gegend von Lhasa. In dieser Phase der Kollision entstand das Gangdisegebirge, auch Transhimalaya genannt. Die parallel fließenden Flüsse, der Tsangpo nach Osten und der Indus nach Westen, bilden die geologisch bedeutende Linie zwischen Indien und Eurasien, an der einmal die Kruste der Tethys unter das tibetische Festland abtauchte. Das Granitgebirge Transhimalaya (Höhen bis 7000 m), die Basaltfelsen im Tal des Tsangpo, die grünen Ophiolith-Gesteine südlich davon, erloschene Vulkane in der Gegend von Lhasa und Funde von Fossilien sind anschauliche Zeugnisse gewaltiger Bewegungen in der Erdkruste.

Nach der ersten Phase folgte eine weitere – nachdem das Tethysmeer verschwunden war. Die indische Landmasse wurde jetzt gegen, unter und über die tibetische geschoben. Das geschah vor 50 bis 60 Millionen Jahren. Bei diesen gewaltvollen Vorgängen wurden alle möglichen Gesteinsmassen, Bruchstücke und Krustenteile von der abtauchenden Scholle gerissen, gegeneinander- und übereinandergeschoben, gehoben, gedrückt und geknautscht – der Himalaya begann zu wachsen. Die alte Subduktionszone, die Naht zwischen Indien und Tibet, an der heute Indus und Tsangpo fließen, wanderte in den folgenden Jahrmillionen immer weiter nach Süden, bis zum heutigen Nordrand der Gangestiefebene.

Der kolossale Druck Indiens gegen Norden – es sind nach neuesten Tiefseebohrungen im Indischen Ozean noch immer zwei bis drei Zentimeter pro Jahr – hält unvermindert an. Über das Wachsen des jüngsten und höchsten Gebirges gehen die Angaben weit auseinander. Ein Mittelwert von einem Zentimeter pro Jahr, ohne Einbezug der Erosion, dürfte hier realistisch sein. Häufige, oft starke Erdbeben im Himalayaraum und in Tibet sind Zeichen der geologischen Unruhe.

Eines der schwersten Beben dürfte jenes im Jahre 1934 gewesen sein, das in Teilen Nepals, hauptsächlich im Kathmandu-Tal, starke Verwüstungen angerichtet hat. Zur selben Zeit wurde im Everest-Gebiet das erst 1923 gegründete Kloster Tengpoche zerstört. Insgesamt sollen damals mehr als 10 000 Menschen ums Leben gekommen sein. Eine alte tibetische Legende berichtet von der Erbauung des Stupas in Bodhnath. Es heißt darin, daß nach der Vollendung des Bauwerks unzählige Menschen und einige Bodhisattvas zu den Feierlichkeiten der Einweihung kamen. An diesem Tag vor rund 2000 Jahren bebte zweimal die Erde. Darin sahen die Menschen ein göttliches Zeichen!

Erdbeben am Nanga Parbat

Eine besonders erdbebenanfällige Zone ist die des Nanga Parbat. Der Berg bebte immer wieder bis hinein in die jüngste Vergangenheit. Auf seiner Westseite löste sich 1841 bei einem Beben eine riesige Felsmasse, die aus dem Indus einen 40 Kilometer langen See anwachsen ließ. Nach wenigen Monaten konnte die Fels- und Geröllmasse dem ungeheueren Druck des Wassers nicht weiter standhalten. Eine Flutwelle brachte Tod und Zerstörung.

Während der deutschen Nanga-Parbat-Expedition im Jahr 1937 wurde durch Erderschütterungen eine Eislawine ausgelöst, die das gesamte Hochlager IV auf dem Rakhiot-Gletscher unter sich begrub. Es war eine der schwersten Katastrophen in der Geschichte des Himalaya-Bergsteigens – 16 Menschen fanden den Tod.

Im August 1978 steigt Reinhold Messner allein über die 3000 Meter hohe Diamirflanke zum Gipfel des Nanga Parbat; es ist das erste Mal, daß ein Mensch allein auf einen Achttausender klettert. Am 8. August bebt der Berg; ein Teil des Gletschers und damit ein Teil von Messners Aufstiegsroute stürzt in die Tiefe. Für den Abstieg muß er einen neuen Weg suchen.

Der Haramosh-Gletscher kurz vor der Verbindung mit dem 45 Kilometer langen Chogo Lungma im westlichen Karakorum. Der breite Berg mit seinen deutlichen Schichtbändern gibt dem Geologen wertvolle Informationen über den Aufbau der Erdkruste.

Gebirgsketten des Himalaya

In Asien, dem größten Kontinent der Erde, finden wir auch das größte und höchste zusammenhängende Gebirgssystem. Sein zentraler Knotenpunkt ist der Pamir. Die von hier ausgehenden riesigen Gebirgsketten greifen oft so ineinander über oder liegen so dicht beisammen, daß eine Gliederung sehr schwierig ist. Um dennoch eine Übersicht zu schaffen und Gebirge zu ordnen, richtet man sich unter anderem nach geologischen Gegebenheiten oder auch nach dem Lauf bedeutender Flüsse. Immer wieder taucht die Frage auf, ob Himalaya und Karakorum ein einheitliches Gebirge bilden oder nicht. Für eine Einheit sprechen geologische Gemeinsamkeiten und die räumliche Nähe. Dagegen allerdings unterschiedliche Grundstrukturen und das trennende Tal des Indus.

Im vorliegenden Band werden beide Gebirgszüge behandelt. Die beiden Ketten verlaufen in Ost-West-Richtung zwischen dem 28. und 36. Breitengrad, was der Lage des Mittelmeerraums und des nördlichen Afrika entspricht. Sie befinden sich also schon in subtropischen Zonen. Der Himalaya spannt sich in einem 2400 Kilometer weiten Bogen von der 7755 Meter hohen Namcha Barwa im Osten – an jener Stelle, an welcher der Tsangpo in einem scharfen Knick nach Süden fließt – bis zum 8125 Meter hohen Nanga Parbat, dem Schicksalsberg der Deutschen. Hier umfließt der Indus das Gebirgsmassiv, der wie der Tsangpo im Quellgebiet des Kailash im Gangdisegebirge entspringt.

Im Vergleich zur Länge der Gebirgskette zeigt sich ihre Breite in eher bescheidenen Maßen. Wenn man einmal von dem nur 50 Kilometer schmalen Zipfel im äußersten Osten absieht, liegen die Entfernungen zwischen der Gangestiefebene und dem Tal des Tsangpo bei 160 bis 280 Kilometern.
Auch im westlichen Teil des Himalaya, in dem die Oberläufe von Sutlej und Indus eine Grenze gegen Norden bilden, beträgt die Nord-Süd-Ausdehnung nie mehr als 280 Kilometer, dies entspricht etwa der Breite der Alpen zwischen Garmisch und Verona. Addiert man die Ladakhkette und den Karakorum noch hinzu, dann ergibt sich ein 400 Kilometer breites, unüberschaubares Gewoge aus Bergketten und Gipfeln, vor allem bei einem Blick aus dem Flugzeug in 10 000 Metern Höhe. Dies entspricht ganz dem Bild, welches sich der Laie vom höchsten Gebirge der Welt macht. Einen anderen Eindruck dagegen vermittelt der nepalische Himalaya, in dem nur wenige hohe Gebirgsketten einen verhältnismäßig kleinen Raum einnehmen. Markante Beispiele dafür sind das Talbecken von Pokhara, 900 Meter hoch gelegen, mit dem abrupt aufsteigenden 8091 Meter hohen Annapurnamassiv; oder der Kangchendzönga (8598 m) mit einem gewaltigen Höhenunterschied von 8000 Metern zum Tal der Tista.

Der Karakorum, das höchste Gebirge der Erde – es gibt nirgends sonst auf so engem Raum so viele hohe Berge – erstreckt sich über eine Länge von 500 Kilometern. Das Gebirge wird im Osten vom Oberlauf des Shyok und im Westen von den Flüssen Gilgit und Ishkuman begrenzt, dort gehen die Bergketten in den Hindukush über. Die Nord-Süd-Ausdehnung beträgt etwa 200 Kilometer. Eine etwas verwirrende Grenze bilden im Norden die Flüsse Chapursan, Shaksgam und Yarkand und die Pässe Khunjerab und Shimshal. Im Süden wird der Karakorum vom Indus und dessen Nebenfluß Shyok begrenzt. Dieser entspringt am Karakorum-Paß, fließt weit nach Süden und nimmt nach einem engen Bogen um den Saser Muztagh seinen Lauf in nordwestlicher Richtung.

Die Wasserversorgung

Der Himalaya hat für Millionen von Menschen auf dem Subkontinent eine lebenswichtige Bedeutung. Er ist das gigantische Wasserreservoir, das nie versiegt und auch dann noch das Tiefland mit Wasser versorgt, wenn Dürre und Trockenheit herrschen. Das große Eis- und Schneegebirge schickt unendlich viele Wasser in alle Himmelsrichtungen, die früher oder später von den drei großen Strömen Indus, Ganges und Brahmaputra aufgenommen werden. Der Indus mündet nach einer 3190 Kilometer langen Reise südöstlich von Karachi in den Indischen Ozean. Nach einem nicht minder langen Weg ergießt sich der Ganges mit dem Brahmaputra bei Kalkutta in dasselbe Meer. Zwischen ihren riesigen Mündungsgebieten – das Gangesdelta ist 230 Kilometer breit – liegt der gesamte indische Subkontinent.

Die Kette des Himalaya ist keine Wasserscheide im üblichen Sinn. Selbst die Flüsse, die auf der Nordseite entspringen, durchbrechen das hohe Gebirge direkt nach Süden oder machen einen großen Umweg. So der Tsangpo (Brahmaputra), der weit nach Osten fließt, um in einem scharfen Bogen, durch tiefe Schluchten des Namcha-Barwa-Gebirges hindurch, Tibet zu verlassen. Ähnlich verhält es sich mit den Flüssen Indus und Sutlej – ihr Quellgebiet liegt ebenfalls in der Nähe des heiligen Bergs Kailash. Beide fließen in nordwestlicher Richtung. Während der Indus erst am Nanga Parbat einen Durchbruch nach Süden findet, wendet sich der Sutlej schon nach 200 Kilometern in diese Richtung. In tiefen Schluchten und Tälern zwängt er sich zwischen dem Garhwal-Himal und den Zanskar-Ketten hinunter ins Tiefland, wo er sich später mit Chenab und Indus vereint.

Andere bedeutende Flüsse, die im Norden der Himalaya-Hauptkette entspringen, machen keine großen Umwege. Sie durchdringen die Gebirgsbarriere sogar an jenen Stellen, an de-

Vom überwächteten Gipfel der 6400 Meter hohen White Needle geht der Blick zu den Gebirgsketten von Zanskar. Die White Needle ist durch einen langen Eisgrat mit dem 7147 Meter hohen Nun verbunden.

nen sich die höchsten Gipfel der Erde befinden. Der Arun hat sein tiefes Bett zwischen dem Massiv des Kangchendzönga (8598 m) und der Everest-Makalu-Gruppe gegraben. Die Kali Gandaki fließt zwischen den Achttausendern Annapurna (8091 m) und Dhaulagiri (8167 m). Ihre Gipfel liegen weniger als 35 Kilometer voneinander entfernt. Der Fluß hat hier ein Tal geschaffen, das man als das tiefste der Erde bezeichnen kann. Von den bewaldeten Hängen oberhalb Lete oder – besser gesagt – von den Hochweiden unter den Nilgiris läßt sich die gesamte Ostseite des Dhaulagiri überblicken. Vom flachen Schotterboden des Flusses geht der Blick über künstlich angelegte Terrassen und einen schmalen Waldgürtel zu den Almregionen und Gletschern. Darüber türmt sich der mächtige Gipfelaufbau. Das sind 6000 Höhenmeter ohne Unterbrechung auf einer Horizontaldistanz von nur zwölf Kilometern.

Dieses Phänomen, daß Flüsse in einer niedrigeren Bergkette entspringen und später ihren Lauf durch eine wesentlich höhere nehmen, ist von anderen Gebirgen her nicht bekannt. Die eigentliche Wasserscheide zwischen dem Indischen Ozean und dem Hochland von Tibet ist nicht der Himalaya, sondern das Gangdisegebirge, auch Transhimalaya genannt, nördlich der Oberläufe von Brahmaputra und Indus. Eine Erklärung für diese Besonderheit finden die Geologen in der früheren Existenz des Gangdisegebirges mit seinem bereits vorhandenen Gewässernetz. Die nach Süden fließenden Flüsse mit mehr oder minder tiefen Tälern waren also schon da, als der Himalaya in die Höhe gehoben und geschoben wurde. Ihre Erosionskraft war stark genug, um die Talsohlen schneller zu vertiefen, als das Gebirge wuchs. Später haben dann zusätzlich die stärkeren Niederschläge und das steilere Gefälle auf der Südabdachung des Himalaya zum heutigen Landschaftsbild beigetragen.

Für die Bewohner des großen Gebirges haben die Flüsse unterschiedliche Bedeutung und Wichtigkeit. Verkehrshindernisse sind sie fast alle, wenn man einmal von den Wintermonaten absieht, in denen die vereisten Wasserläufe in manchen Gebieten die einzige Verbindung zur Außenwelt darstellen, beispielsweise in Ladakh, Zanskar oder Tibet. Während der Monsunzeit sind im mittleren und östlichen Himalaya viele Täler und Flüsse unpassierbar, wenn die letztgenannten die bis zu 60fache Wassermenge führen. Viele Brücken werden fortgerissen, Wege überflutet und zerstört, und die Menschen müssen dann oft weite Umwege machen, um ihre Ziele zu erreichen. Gebirgsbäche und Flüsse können aber auch während der Trockenzeit und in den ariden Gebieten des Himalaya und Karakorum zu einem ernsten und unüberwindbaren Hindernis werden. Ihr Wasserstand verändert sich manchmal im Lauf eines Tages: Der klare, harmlose Bach vom Morgen wird zu einem unpassierbaren Ungeheuer am Abend. Wenn man einmal von Niederschlägen absieht, sind Temperatur und Sonneneinstrahlungsdauer in den Firn- und Gletschergebieten und die damit verbundenen Schmelzvorgänge die Hauptursachen dafür.

Die großen und die kleinen Wasser des Himalaya sind Fluch und Segen zugleich, wobei doch die positiven Aspekte bei weitem überwiegen. Im ganzen Himalayaraum, vom östlichsten Teil einmal abgesehen, muß im Norden der Hauptkette mehr oder weniger künstlich bewässert werden. Der gesamte Karakorum ist eine einzige Hochgebirgswüste, in der ohne künstliche Bewässerung kein menschliches Leben möglich wäre. Es ist immer wieder beeindruckend, wie die Bewohner mit viel Geschick und Ausdauer das Wasser von den Bächen und Flüssen oft kilometerweit zu den Feldern und Ortschaften leiten. Dabei ist es manchmal sogar notwendig, die Kanäle in senkrechte Felswände zu meißeln, um das kostbare Naß an die entsprechenden Stellen zu führen.

Die Methoden und Systeme der Bewässerung haben sich seit Generationen kaum ver-

Eine kühne Berggestalt im Karakorum stellt dieser Granitturm mit einer Wandhöhe von etwa 1000 Metern dar. Er ist ein Berg ohne Namen, heißt Nameless Tower und gehört zur Trango-Gruppe (6251 Meter) auf der Nordseite des unteren Baltoro-Gletschers.

ändert; erstaunlich, wie sich mit einfachsten technischen Mitteln ein Höchstmaß an Effizienz erzielen läßt. Der Fluß, der Gletscherbach, Wasser überhaupt, haben im Leben dieser Menschen den höchsten Stellenwert.

Die großen Täler

Einige der großen Flußtäler stellen wichtige Wege, Handelsrouten und Verbindungen zwischen den Menschen in Indien und Tibet dar. Das scheinbar unüberwindbare große Gebirge hat also doch einige »Schwachstellen«, die eine Durchquerung ermöglichen, wenn auch unter erschwerten und gefährlichen Bedingungen. Beispielsweise das Industal, das seit mehr als 2000 Jahren eine wichtige Verbindung zwischen dem indischen Subkontinent und Zentralasien darstellt. Heute führt eine Straße, der berühmte Karakorum-Highway, bis hinauf zum 4935 Meter hohen Khunjerab-Paß, der Grenze nach China. Die gut ausgebaute Straße mit festen Brücken wurde in den Jahren 1958 bis 1978 von Tausenden von Chinesen und Pakistani erbaut.

Der Karakorum-Highway verläßt unterhalb Gilgit das breite Tal des Indus, um zuerst dem Gilgit-River und später dem Hunza-River flußaufwärts nach Norden zu folgen. Der Indus kommt in einem scharfen Bogen von Südosten aus Baltistan. Eine neue Straße, die 1980 fertiggestellt wurde, verfolgt seinen Lauf durch eine wilde Schlucht bis in das große Talbecken von Skardu in einer Höhe von 2400 Metern.

Das Tal der Kali Gandaki im zentralen Nepal gilt als einer der leichtesten Durchlässe zwischen Indien und Tibet. Die Ortschaften Tukche und Marpha zum Beispiel lassen noch heute den einstigen Wohlstand ihrer Bewohner erkennen. Diese beiden Dörfer waren wichtige Handels- und Umschlagplätze für die Waren, die von Nepal und Indien nach Tibet und in umgekehrter Richtung transportiert wurden. Hier, in einer Höhe von 2700 Metern, mußten die Lasten von den Yakrücken auf die der Maultiere umgeladen werden, denn das Klima weiter talaus in tieferen Regionen bekommt den Yaks nicht, welche die trockene Höhenatmosphäre der Bergregionen gewohnt sind.

Nach der Besetzung Tibets durch seinen großen Nachbarn China kam der Handel zwischen den Ländern weitgehend zum Erliegen. Viele Thakali, die Bewohner dieses Gebiets, verließen das Tal und gingen meist nach Pokhara oder Kathmandu. Seit einigen Jahren ist der Verkehr über die nördliche Grenze wieder offener, und Karawanen von buntgeschmückten Maultieren ziehen durch das tiefe Tal. Auch der Trekkingtourismus hat dazu beigetragen, diese schönen Dörfer erneut mit Leben zu erfüllen. Durch die Schaffung von Übernachtungsmöglichkeiten in ihren Häusern haben die Einheimischen neue Erwerbsmöglichkeiten gefunden. So wurden alte, verlassene Häuser wieder hergerichtet und für Einheimische und Gäste bewohnbar gemacht. Eine Wanderung durch die Terrassenlandschaften und subtropischen Waldgebiete im Süden der Himalayakette, dann zwischen den höchsten Bergen der Welt zu den ariden Regionen im Norden, weist auf geringen Distanzen beinahe alle Landschaften und Klimazonen des Himalaya auf. Diese Trekkingroute durch das Tal der Kali Gandaki ist eine der beliebtesten in ganz Nepal.

Wachsen und Vergehen liegen unmittelbar beisammen. Himalaya und Karakorum wachsen noch immer, werden aber an der Oberfläche fortwährend abgetragen, wie dieses Bild aus einem Hochtal in Ladakh vor Augen führt. Zwischen den senkrecht aufgestellten Schichten befinden sich weichere, die der Erosion weniger Widerstand bieten.

Klima und Jahreszeiten

Sogar in der unwirtlichen Hochgebirgswüste von Ladakh haben sich Menschen einen Lebensraum erschlossen. Die grünen, künstlich bewässerten Felder gehören zum Kloster Lamayuru (siehe S. 114).

Das Wetter stellt für den Menschen eine wichtige Lebensgrundlage dar. Hitze und Kälte, Wind, Sonne und Regen spielen eine wichtige Rolle. Selbst in unserer hochtechnisierten Welt erkennen wir fast täglich in vielen Lebensbereichen die enorme Abhängigkeit von Klima und Wettergeschehen. Wie kaum ein anderes Lebewesen hat es der Mensch fertiggebracht, sich allen Klimaten der Erde anzupassen, und das oft in sehr kurzen Zeiträumen. Menschen leben in Kälte, Eis und Schnee, in der Gluthitze und Trockenheit der Wüste, in feuchtheißen Regenwäldern; in Landschaften, die sturmgeplagt und windgepeitscht sind. Sie leben tiefer als der Meeresspiegel und höher als der Montblanc mit seinen 4807 Metern.

Klima und Wetter im Himalaya sind nicht einheitlich – sie sind sehr verschieden, je nach Höhe und Lage. Aufgrund der gewaltigen Höhenunterschiede treffen wir innerhalb kürzester Distanzen die meisten Klimabereiche zwischen subtropischen und arktischen Zonen. Im Himalaya ist es möglich, an einem Bach im Urwald zu sitzen bei 35 Grad im Schatten mit Blick auf einen Achttausender, auf dessen Gipfel das Thermometer minus 40 Grad anzeigt.

Das Gebirge mit seinen Höhen bis über 8000 Meter bildet eine gewaltige Klimascheide zwischen dem subtropischen Indien und dem zentralasiatischen Hochland. Im Süden der Gebirgskette werden die Wettergeschehnisse hauptsächlich von den feuchten Monsunwinden geprägt, die jedoch im Osten soviel Kraft besitzen, um das hier nicht ganz so hohe Gebirge zu überwinden. Wenn auch in abgeschwächter Form, so bringt der Monsun doch Feuchtigkeit weit hinein in den tibetischen Raum. Im Norden herrscht trockenes Hochlandklima mit starken Temperaturunterschieden. Karakorum und der westlichste Teil des Himalaya liegen bereits in der Drift der Westwinde. Die enorme Bedeutung als Klimascheide liegt nicht nur in ihrer Höhe, sondern auch in ihrer Streichrichtung von Osten nach Westen, weshalb sie eine schwer zu überwindende Barriere für die Monsunwinde aus dem Indischen Ozean bildet. So kommt es auf der Südabdachung des Himalaya, im Gegensatz zur Nordseite, zu extrem hohen Niederschlägen. Im indischen Bundesstaat Arunachal Pradesh, weit im Osten der Gebirgskette, werden jährliche Regenmengen um die elf Meter gemessen. Die Rekordmarke lag in dieser Region bei über 18 Metern. Der Grund für diese hohen Werte – mit die höchsten der Erde – liegt sicherlich unter anderem in dem relativ kurzen Weg, den die feuchtwarmen Luftmassen aus dem Golf von Bengalen zu überwinden haben. Die Kraft des Monsuns läßt nach in der Vertikalen und in westlicher Richtung. Die Hauptniederschlagsmengen regnen sich im allgemeinen bereits in den Höhenlagen zwischen 1500 und 3000 Metern ab. Mit zunehmender Höhe und nördlicherem Standpunkt verringern sich die Niederschläge. An manchen Stellen des zentralen Himalaya, hauptsächlich in den Gebieten, in denen sich die Ketten sehr hoch und geschlossen auftürmen, ist die Auswirkung dieser Klimabarriere besonders augenfällig.

In Nepal beispielsweise, wo sich die Gebirgsmauer der Annapurnagruppe und die des Dhaulagiri Himals mit Höhen zwischen 7000 und 8000 Metern ziemlich abrupt aus dem Mittelland erhebt, wurden die größten Niederschläge des Lands gemessen, die nicht nur der Monsun gebracht hat, sondern auch die lokalen Steigungsregen. Welche klimatischen Extreme zwischen der Modi Khola-Schlucht im Süden und der nur 20 Kilometer weiter nördlich gelegenen Stadt Manang im Regenschatten der hohen Berge! Hier im Süden, in einer Höhe von 3000 Metern, sind dichte Bergurwälder, üppige Vegetation, Wasserfälle und eine Vielzahl von Bächen auf beiden Seiten der Schlucht.

Dort im Norden die Stadt Manang in einem weiten, offenen Hochtal mit lichten Nadelwäldern, Almen und alpiner Vegetation. Die Häuser der Ortschaft in 3500 Meter Höhe liegen

Der Rhododendron, im Himalaya weitverbreitet, ist die Nationalblume Nepals. In den Monaten März bis Mai ist ihre Blütezeit – je nach Lage und Höhe.

Wildrosen im Karakorum wachsen bis in Höhen von 4000 Meter (links oben). Pflanzenpolster in 5000 Meter Höhe am Fuß des Makalu (rechts oben). Eine Himalaya-Alpenscharte in 6000 Meter Höhe, hoch über dem Barun-Gletscher (links unten). Die »blaue Blume« – Scheinmohn in Zanskar (rechts unten).

dicht zusammengedrängt. Die kompakte Bauweise und die flachen Dächer der Behausungen sind deutliche Zeichen für große Temperaturschwankungen und trockenes Klima. Nur wenige Kilometer weiter nordwestlich, in der Gegend von Muktinath, ist die Landschaft so trocken, daß künstlich bewässert werden muß.

Die Gletscher

Die Niederschläge verringern sich mit zunehmender Höhe so stark, daß es in den Hochregionen des ewigen Schnees nicht zu den Ausmaßen einer Gletscherbildung kommt, die man bei der enormen Höhe der Berge erwarten könnte.

Die drei ausgedehntesten Gletscher in der Region des höchsten Berges der Erde sind nur 16 bis 22 Kilometer lang. Dagegen mißt der Aletschgletscher, der längste im Alpenraum, gute 24 Kilometer. Natürlich hat die Höhe eines Bergs nur bedingt etwas mit der Mächtigkeit seiner Gletscher zu tun. Neben mehreren Faktoren – wie Niederschlagsmenge in Form von Schnee und Graupel in den Firngebieten, Hanglage, Verdunstung und Strahlungsintensität – spielen topographische Gegebenheiten eine entscheidende Rolle. Im Karakorum hingegen gibt es Gletscher von einer Länge bis zu 76 Kilometern. Sie zählen zu den längsten Eisströmen unserer Erde. Zu den klimatischen Besonderheiten des Himalaya zählen auch die unterschiedlichen Schneegrenzen und die Intensität der Vergletscherung im Norden und im Süden der Hauptkette. Im Norden gibt es viel größere Temperaturunterschiede, bedeutend geringere Niederschläge, mehr Sonneneinstrahlung und trockenere Luft. Durch diese Ursachen bedingt, reichen die Gletscher nur selten unter die 5000-Meter-Grenze. Manche Gipfel von über 6000 Metern sind ohne Vergletscherung, zeitweise sogar schneefrei. Die längsten Gletscher des Himalaya befinden sich nicht alle in einer Region, sondern liegen weit auseinander. Der Zemugletscher in Sikkim mit seinen 31 Kilometern Länge hat sein Nährgebiet auf der Ostseite des gewaltigen Kangchendzöngamassivs. Seine schuttbedeckte Zunge endet in 3980 Metern Höhe. Der dritthöchste Berg der Erde, nur 13 Meter niedriger als der K2, liegt im Haupteinzugsgebiet der sommerlichen Monsunwinde. Diese verlieren, je westlicher wir kommen, immer mehr von ihrem Einfluß auf das Wettergeschehen. Viel weiter im Westen, das ganze Land Nepal liegt dazwischen, fließt im Garhwal Himal der Gangotrigletscher. Von den Flanken des Chaukhamba (7138 m) bis hinunter zum Gletschertor (3900 m) sind es 32 Kilometer. Dieses Tor im Eis, genannt Gaumukh (Kuhmaul), ist für die Hindus ein besonders heiliger und verehrungswürdiger Platz. Am Gletscherende, zwischen hausgroßen Eistrümmern, nimmt die Bhagirathi, einer der drei Quellflüsse der heiligen Mutter Ganga, ihren weiten Lauf zum Golf von Bengalen. Die geographischen Gegebenheiten sind ausschlaggebend für die Größe dieses längsten Himalayagletschers, der sich in einem Gebiet befindet, in dem der Monsun bedeutend von seiner Kraft verloren hat.

Der Gangotrigletscher nimmt eine Anzahl von kleineren und größeren Nebengletschern der benachbarten Berggruppen auf und hat somit ein bedeutend größeres Einzugsgebiet als der Zemugletscher in Sikkim.

Niederschläge und Regenzeiten

Je weiter wir den Himalayabogen nach Westen verfolgen, desto komplizierter und unübersichtlicher wird die Gliederung des Gebirges. Beginnend mit den niedrigen Siwalikbergen am Rand der Gangestiefebene bis hin zum Industal im Norden, bildet eine große Zahl von Berggruppen und Massiven ein unüberblickbares Gipfelmeer. Die klimatischen Gegebenheiten sind in den Gebieten von Zanskar, Ladakh, Himachal Pradesh und Kaschmir anders als im zentralen oder gar östlichen Himalaya. Die Meinungen der Klimaexperten gehen auseinander bei der Frage, ob in diesem Teil des großen Gebirges überhaupt noch von Monsuneinflüssen gesprochen werden kann. Es steht aber fest, daß es im westlichen Himalaya und im Karakorum keine Regenzeit gibt, wie wir sie im zentralen und östlichen Teil kennen. Deshalb ist die beste Zeit für Trekkingtouren, Expeditionen und andere Unternehmungen in den Monaten Mai bis Oktober. Eine Periode also, in der im Osten, in Arunachal Pradesh und Sikkim, in Bhutan und Nepal der große Regen fällt. In diesen Ländern reist man besser in der Trockenzeit, also vor oder nach dem Monsun. Diese Aussagen lassen schon deutlich die unterschiedlichen Klimate im 2400 Kilometer langen Gebirgsbogen erkennen.

Zanskar, noch eher Ladakh, erhalten so wenig Niederschlag, daß man diese Gegenden größtenteils als Hochgebirgswüsten bezeichnen muß. In Leh (3500 m), der Hauptstadt von Ladakh, liegt das Jahresniederschlagsmittel bei 8 bis 10 Zentimetern. So ist nur mit Hilfe künstlicher Bewässerung eine bescheidene landwirtschaftliche Nutzung der kargen Böden gegeben, die ein Überleben in dieser wüsten Landschaft ermöglichen. Die Höhenlage zwischen 3000 und 4000 Metern wirkt sich zusätzlich auf das enorme Temperaturgefälle aus.

Entgegengesetzt verhält es sich auf der Südseite, beispielsweise in Manali, dem bekannten indischen Erholungsort im Kulutal (2000 m). Das gemäßigte Klima, die liebliche Landschaft mit grünen Bergwiesen und die Nadelwälder vor schneebedeckten Bergen erinnern stark an

Tief unten das Tal der Kali Gandaki in Nepal. Ein gigantischer Windkanal, der den Himalaya zwischen dem tibetischen Hochland und der Gangestiefebene durchbricht. Der starke Wind hat die dichte, dunkle Wolkendecke zerteilt, so daß im Tal die Sonne scheint.

Teile der Alpen. In den tieferen Tallagen wachsen Äpfel, Birnen, Aprikosen, Pflaumen und Kirschen. Die Hauptniederschläge fallen in der Zeit von Juni bis Ende August und in den Wintermonaten, dann allerdings in Form von ergiebigen Schneefällen.

Wie bereits erwähnt, kann man das Wettergeschehen im westlichen Himalaya und im Karakorum primär darauf zurückführen, daß die genannten Gebiete in der Westwindzone liegen und die hier schwach gewordenen Monsunwinde höchstens noch auf die vorderen Gebirgsketten Einfluß nehmen.

Der Winter im Himalaya

Der europäische Winter ist auch für den gesamten Himalayaraum die kalte Jahreszeit mit unterschiedlich starken Schneefällen in den verschiedenen Regionen. Die Schneegrenze liegt in Bhutan und Sikkim bei etwa 2900 Metern, im westlichen Nepal bei 2000 Metern. In Srinagar kann man in manchem Winter auf dem Dal-See spazierengehen. Die Erklärung für dieses Temperaturgefälle und diese schwankende Schneegrenze ist zum einen darin zu sehen, daß der Verlauf der Himalayakette sich über sieben Breitengrade zieht. Srinagar (1600 m) in Kaschmir liegt immerhin fast 800 Kilometer weiter nördlich als Darjeeling. Zum anderen liegt das Gebiet in der bereits erwähnten Westwindzone, und die Entfernung zum Indischen Ozean ist doppelt so groß. Während die Hochregionen des östlichen Himalaya ihre größten Schneefälle in den Sommermonaten erhalten, ist es im Westen umgekehrt. Im Verlauf einiger Winterexpeditionen wurden unter anderem im Basislager des Everest, in einer Höhe von 5350 Metern, interessante Wetterbeobachtungen durchgeführt. Die Tiefsttemperaturen lagen in den Monaten Januar bis April zwischen minus 18 und minus 13 Grad Celsius. Die Höchsttemperaturen betrugen im selben Zeitraum zwischen plus 0,6 und plus 2,2 Grad. Die Gletscher waren stark zerrissen, die Spalten offen und die Schneefälle äußerst gering. Eine Winterexpedition in der Baturagruppe des Karakorum konnte ihr Ziel wegen lang anhaltender Schneefälle und extremer Lawinengefahr nicht erreichen. Die wenigen Daten, die heutzutage vorhanden sind, können uns noch kein befriedigendes Bild über den Ablauf des Wetters im winterlichen Hochhimalaya vermitteln. Erwähnenswert sind noch die Jet-Streams, jene von Westen kommenden Höhenwinde mit ihren hohen Geschwindigkeiten. Sie wehen besonders häufig in den Wintermonaten November bis Ende April. Winterexpeditionen zu den hohen Gipfeln des Himalaya scheitern daher oft bei schönstem Wetter. Der unheimlichen Gewalt dieser Höhenwinde in Verbindung mit großer Kälte ist kein Mensch gewachsen.

In Nepal und den angrenzenden östlichen Gebieten gibt es noch den kurzen, wenig bedeutungsvollen Wintermonsun. Nach der Schönwetterzeit der Monate November und Dezember bringt er meistens in der ersten Januarhälfte für wenige Tage Schlechtwetter. Dann kann es schon mal vorkommen, daß die höchsten Waldberge (2500 bis 2700 m) des Kathmandu-Tals bis zum nächsten sonnigen Tag ein dünnes Schneekleid tragen.

Der Monsun

Kein Naturereignis beeinflußt das Leben der Menschen auf dem Subkontinent so unmittelbar und nachhaltig wie der Monsun. Sein Wirken entscheidet über Hunger und Not, über das Wohlergehen von mehreren Millionen Menschen. Der Monsun bestimmt seit Jahrtausenden den Rhythmus fast aller Lebensbereiche. Seine enorme Bedeutung für die größtenteils ländliche Bevölkerung findet unter anderem ihren Ausdruck in uralten Märchen, in Legenden und heiligen Texten, in Liedern und Tänzen, die bis in unsere Tage lebendiges Volkstum geblieben sind.

In Nepal wird alljährlich vor dem Monsun ein traditionelles Fest zu Ehren des Regengotts Macchendra gefeiert. Die Menschen bitten um Regen, Frieden und Wohlergehen. Der Monsun bringt Segen, wenn er Anfang Juni zur rechten Zeit kommt, seine Regenmengen in Grenzen bleiben, und wenn er sich Ende September bis Anfang Oktober wieder zurückzieht. Manchmal kommt der Regen spät und schwach, manchmal gar nicht. Dürre, Hungersnot, Unheil und Leid sind die schlimmen Folgen.

Umgekehrt, wenn die Regenmassen das Land überschwemmen, Felder und Häuser zerstören, dann ist die Not nicht minder groß.

Die Bauweise

Die Bau- und Siedlungsweise im Himalaya und Karakorum, von Städten, neuen oder größeren Ansiedlungen einmal abgesehen, ist sehr stark der Natur angepaßt, wobei das Klima die entscheidende Rolle spielt. In Jahrtausenden hat es der Mensch gelernt, aufgrund seiner Erfahrungen eine Architektur zu entwickeln, die in optimaler Weise vor allem möglichen Wetter schützt und seinen bescheidenen Ansprüchen gerecht wird. Durch die Verwendung natürlicher Baumaterialien aus der näheren Umgebung passen sich Häuser und Ortschaften harmonisch in das Landschaftsbild ein; sie sind keine Fremdkörper, im Gegenteil, durch ihre typische Bauweise geben sie nicht nur Aufschluß über das vorherrschende Klima, sondern auch über das kulturelle Niveau seiner Bewohner. Leider kann man seit Jahren immer häufiger beobachten, daß traditionelle Bauweisen aufgegeben werden in der irrigen Annahme, etwas zu verbessern, fortschrittlich zu sein oder sich gegenüber dem Nachbarn abzuheben.

Bauernhöfe und abgeerntete Felder im Monat März hoch über dem Modi-Khola-Tal auf der Südseite der Annapurna.

Schlechtwetter im Helambu, einer Landschaft nördlich von Kathmandu. Der Wind treibt Regenwolken über den breiten Bergrücken, auf dessen Leeseite sie sich stauen.

Besonders augenfällig ist die zunehmende Verwendung von Wellblech als Dachbedeckung. Es ist schon grotesk, dicke, gut isolierende Strohdächer oder ein schönes Schindeldach, beschwert mit großen Steinen, durch solche aus Wellblech zu ersetzen; Wellblech, in unseren Breiten eher ein Zeichen für Armut, ein Baumaterial mit negativem Beigeschmack, ist im Himalaya ein Statussymbol für Leute, die es sich leisten können. Wellblech ist teuer, und die langen, unhandlichen Stücke müssen oft tagelang auf Menschenrücken zum Bestimmungsort getragen werden.

Bedingt durch die Klimaunterschiede in der vertikalen Gliederung des Himalayagebirges finden wir auf engem Raum eine Vielfalt an Haustypen und Siedlungsformen. So ist es nichts Ungewöhnliches, beispielsweise auf der regenreichen Südseite des Annapurna Himal, unten im Tal durch eine offene Chetrisiedlung zu wandern: kleine, eingeschossige Bauernhäuser aus Bruchsteinwänden, innen und außen mit Lehm verputzt. Die steilen Giebeldächer sind aus dicken Strohpaketen geschichtet. Nur drei Stunden weiter bergauf, 1000 Höhenmeter weiter, eine große Gurungsiedlung: zweigeschossige Wohnhäuser mit dicken Mauern aus sauber behauenen Bruchsteinen. Der große Wohnraum im Erdgeschoß ist auf drei Seiten von einer überdachten Veranda umgeben, ein beliebter Aufenthaltsplatz für verschiedene Arbeiten, eine gute Übernachtungsmöglichkeit für Gäste und obendrein Schutz vor Nässe für den unteren Teil des Hauses. Über dem oberen Stockwerk, welches vorzugsweise als Speicher dient, befindet sich das solide Dach aus großen Schieferplatten. Zusätzlich ist auf den Giebelseiten je ein Pultdach angebracht, um möglichst viel Mauerwerk vor den starken Regenfällen zu schützen. Vor der Breitseite des Hauses, nach Südosten orientiert, ist der geräumige, mit Steinplatten belegte Vorplatz. Die mit Schnitzereien verzierten Holzfenster sind relativ klein, um Schutz gegen die Winterkälte zu bieten.

In der gleichen Gegend, auch auf der Südseite des Annapurna Himal, gibt es vereinzelt noch die schönen Ovalhäuser, die heute aber nicht mehr gebaut werden. Dieser alte Haustyp hat ein steiles Strohdach, im Gegensatz zu dem mit schweren Schieferplatten gedeckten flacheren Dach seiner Veranda, die den Bau auf drei Seiten umgibt.

Eine besonders ansprechende und weitentwickelte Architektur finden wir bei den Bauernhäusern in Bhutan, einem sehr waldreichen Land im Osten des Himalaya. Die meist zwei- bis dreigeschossigen Bauten bestehen aus einer Fachwerkkonstruktion auf gemauertem Bruchsteinsockel, der unterschiedlich hoch sein kann, je nach Lage des Hauses. In den einzelnen Gefachen ist ein Bambusgeflecht verankert, beidseitig mit Lehm verputzt und weiß getüncht. Die weißen Flächen, hauptsächlich aber die Balken, werden gerne mit Ornamenten und religiösen Motiven bemalt. Das Erdgeschoß dient in der Regel nicht als Wohnbereich; hier steht das Vieh, wird Holz gelagert, Futter gespeichert und allerlei Gerätschaften abgestellt. Gewohnt wird in den Etagen darüber. Das bringt den Vorteil von mehr Wärme in den Wintermonaten, und der Ausblick ist weniger begrenzt. Das Geschoß unter dem flach geneigten Giebeldach ist häufig nach drei Seiten offen, läßt sich aber durch Stellwände und Matten aus Bambus schließen. Der luftige Raum dient unter anderem der Aufbewahrung von Feldfrüchten. Das mit langen Schindeln gedeckte und mit großen Flußkieseln beschwerte Dach ist im Herbst idealer Trockenplatz für die feuerroten Chilischoten. Ein weiteres erwähnenswertes Element bhutanischer Architektur ist die Bauweise aus Erdbeton in Verbindung mit Holz und Steinen.

Auffallend schmuck und sauber sind die Häuser der Limbu im Aruntal im östlichen Nepal. Hoch über dem Fluß stehen vereinzelt die Anwesen inmitten der Reis- und Hirseterrassen, umgeben von Bananen- und Bambusstauden, kleinen Gemüsegärten und Blumenbeeten. Das zweistöckige Wohnhaus, weiß gestrichen mit schwarz umrahmten Fenstern, ist von einer geräumigen Veranda auf drei Seiten des Erdgeschosses umgeben. Darüber, im ersten Stock, ein Gesims, breit genug, um diverse Körbe, Kiepen, Kupferkessel und sonstige Geräte aufzubewahren. Alles gut geschützt von einem ausladenden Strohdach und den Pultdächern auf den Giebelseiten.

Unter den Dächern hängen schwere Bündel aus Maiskolben. Die kleineren Nebenbauten und Viehunterstände fügen sich harmonisch in das Gesamtbild einer von Menschen geprägten Kulturlandschaft.

Der markanteste Unterschied in den Architekturen, bei dem die Abhängigkeit vom Klima besonders augenfällig wird, besteht in den Dachkonstruktionen. Von Ausnahmen einmal abgesehen, finden wir auf der gesamten Südseite des Himalaya das Giebeldach in flacher oder in steiler Form. Der Neigungswinkel ist meistens von den Materialien abhängig, die für die Bedeckung verwendet werden. Schieferplatten und mit Steinen beschwerte Schindeln brauchen ein flaches Dach, um den nötigen Halt zu finden. Gras und Stroh dagegen muß steiler geschichtet werden, damit tiefes Eindringen des Wassers und damit Durchnässen verhindert wird.

Das Flachdach ist ein typisches Kennzeichen für trockene, niederschlagsarme Landschaften. So finden wir nördlich der Himalayahauptkette, in Ladakh, Zanskar und im gesamten Karakorum, Häuser mit flachen Dächern. Die kompakte Siedlung, im Gegensatz zu den häufig vorkommenden Streusiedlungen im Osten und auf der Südseite, ist hier vorherrschend. Große Temperaturunterschiede (tagsüber starke Sonneneinstrahlung und nachts starke Abkühlung) haben die Menschen in diesen lebensfeindlichen Gebieten dazu bewogen, ganz eng aneinanderzurücken. Es gibt Orte, in denen 30 und mehr Häuser festungsartig zusammengedrängt sind und eine Einheit bilden. Die kompakte Bauweise gibt Kühle im Sommer und Wärme im Winter.

Eine der schönsten und interessantesten Siedlungen im gesamten Himalayaraum ist Marpha im oberen Tal der Kali Gandaki im nördlichen Nepal. Der Ort war früher, als der Handel zwischen Tibet, Nepal und Indien noch florierte, ein bedeutender Umschlagplatz für alle möglichen Güter. Bedingt durch die großen Luftdruckunterschiede zwischen der Nord- und der Südseite des Gebirges, wird der extrem tiefe Einschnitt der Kali Gandaki zu einem Windkanal mit riesigen Ausmaßen.

Der starke Wind kommt mit großer Regelmäßigkeit am späten Vormittag gegen 11 Uhr. Der Flugverkehr zwischen Kathmandu und Jomosom – es kommen nur kleine Maschinen zum Einsatz – muß daher in den Stunden zuvor abgewickelt werden. Die Kraft des Winds ist so stark, daß er Staub und Sand Hunderte von Metern hoch in den blauen Himmel wirbelt. Es ist dann kein Vergnügen, sich gegen ihn stemmend, mit Sand in den Augen unterwegs zu sein. Erst abends, nach Sonnenuntergang, legt er sich. Die Menschen am Oberlauf der Kali Gandaki, die Thakali, haben es gelernt, mit dem Wind zu leben. Sie haben ihre Architektur, ihre Siedlungsweise darauf eingestellt. Die Leute von Marpha fanden am Rand des Tals, in einer Einbuchtung der Bergflanke, eine etwas geschützte Möglichkeit zum Siedeln. Marpha liegt 2700 Meter hoch, eine Höhe, in der die Winterkälte noch zu ertragen ist.

Um dem täglich wehenden Wind seine Kraft zu nehmen, um ihn zu bremsen, führte man die mit Steinplatten gepflasterte »Hauptstraße« mit ihrem Wasserkanal nicht gerade, sondern gewunden durch den Ort. Die Häuser, dicht zusammengedrängt wie ein Fleckenteppich, sind zweigeschossig und haben einen Innenhof. Hier, umgeben von Vorratsräumen und Stallungen, spielt sich ein Großteil des Lebens ab. Auf den flachen Lehmdächern sind ringsum die Holzvorräte geschichtet, die einen weiteren Windschutz bilden. Nach der Ernte wird hier das Getreide ausgebreitet und getrocknet. Diesen Grundtyp von Haus finden wir bis hinunter nach Ghasa, wo dann erstmals wenige Häuser mit Giebeldächern im Ortsbild sichtbar werden. Nur wenige Stunden weiter talab verengt sich das Tal zur Schlucht an der engsten Stelle zwischen den Achttausendern Dhaulagiri und Annapurna, dem Beginn einer anderen Landschaft und eines anderen Klimas.

Beeinflussung des Klimas

Bei der Betrachtung der klimatischen Verhältnisse im Himalaya soll hier noch kurz auf lokale Gegebenheiten eingegangen werden, die das Wettergeschehen stark beeinflussen können. Gebirgskämme, einzelne Gipfel, Täler und Schluchten, ihre Höhen, ihre Tiefen, die Formen und die Lage zueinander spielen eine wichtige Rolle. So kann es vorkommen, daß die Niederschlagsmengen in einer Siedlung, die im unmittelbaren Stau einer hohen Gebirgskette liegt, um bis zu 40 Prozent höher liegen als in einem anderen Dorf nur drei Kilometer weiter außerhalb. Beobachtungen in einigen Tälern des zentralen Himalaya zeigten sogar sichtbare Unterschiede an Niederschlagsmengen von einer Talseite zur anderen auf einer Horizontaldistanz von manchmal weniger als 300 Metern.

Yaks auf der Alm Chukhung (4750 m) unterhalb des Lhotse-Gletschers. Der Yak, hervorragend an das extreme Klima angepaßt, ist für die Menschen in den Hochregionen des Himalaya und Tibets das wichtigste Tier, das zum Überleben der Bewohner entscheidend beiträgt. Der Yak dient nicht nur als Reittier und Transporteur von bis zu zwei Zentner schweren Lasten, sondern auch als Lieferant von Milch, Butter, Käse, Haaren, Fleisch und Leder. Getrockneter Yakdung ist oft das einzige Brennmaterial in den baumlosen Gebieten.

Die damit verbundene unterschiedliche Vegetation ist zwar auch in der Himmelsrichtung begründet, doch hauptsächlich in den Formen des Geländes, durch die der mit Feuchtigkeit geladene Wind unterschiedlich gestaut und geleitet wird.

Die Trockentäler

Ein Phänomen sind die Trockentäler im zentralen und im westlichen Himalaya. Sie zählen zu den tiefen Durchbruchsschluchten zwischen dem tibetischen Hochland und der Gangesebene. Die Talböden sind von den trockenen Winden und der intensiven Sonneneinstrahlung so ausgetrocknet, daß nur Oasenwirtschaft betrieben werden kann. Aber einige hundert Meter höher beginnen je nach Gebiet auf den Bergflanken Vegetation und Leben.

Im Industal zum Beispiel, der westlichen Begrenzung des Himalaya, herrscht in der Gegend von Chilas ein extremes Wüstenklima mit Temperaturen bis zu 50 Grad im Schatten. Hier führt in 1200 Metern Höhe die berühmte Rakhiotbrücke über den großen Fluß. Die Landschaft ist brutal und menschenfeindlich. Fast 7000 Meter höher der eis- und schneebedeckte Gipfel des Nanga Parbat. Der Weg hinauf zum Berg, zu seiner Nordseite, zieht sich anfangs in vielen kurzen Serpentinen über einen steilen, felsigen Rücken, quert dann in mehrmaligem Auf und Ab hinein ins Tal zur Siedlung Tato (2350 m). Der Name deutet hin auf die heiße Quelle in der Nähe der ersten Häuser. Auf den trockenen Hängen wachsen einzelne Bäume und schütterer Wald, kümmerliche Reste von ehemals größeren Waldungen. Mit dem reichlich vorhandenen Wasser des Rakhiotbachs werden kleine Getreidefelder künstlich bewässert. Eine Stunde weiter erfolgt nochmals ein steiler Anstieg – diesmal aber im schattigen Nadelwald. Hinter dieser Steilstufe befinden sich Almgelände, vor Jahrzehnten gerodet, bestellte Felder, ein künstlich geleiteter Bach mit klarem Wasser, einzelne hohe Bäume und Almhütten aus ganzen Baumstämmen, in Blockbauweise errichtet. Einige Hütten mit ganz schwach geneigten Giebeldächern, andere mit Flachdächern. Der Unterschied ist so gering, daß er kaum ins Auge fällt. Allen gemeinsam ist jedoch die Abdeckung aus Erde, Steinen und Grasbewuchs. Noch eine knappe Stunde, leicht ansteigend durch herrlichen Hochwald, und man erreicht eine große Waldlichtung, die Märchenwiese. Am Rand einige Almhütten und ein riesiger Felsblock, auf der ebenen Wiese weidende Kühe. Alles überragend das gewaltige Massiv des Nanga Parbat oder Diamir, wie ihn die Einheimischen nennen. Seine Grate, Flanken und Wände zählen zu den höchsten der Erde. Die Märchenwiese, der Name sagt es schon, ist ein besonders schöner und eindrucksvoller Platz im weiten Himalayabogen.

Die Meereshöhe von 3300 Metern bringt auf diesem Breitengrad ein angenehmes, gemäßigtes Klima, das demjenigen vieler Teile der Alpen weitgehend entspricht. Der zunächst vorherrschende Nadelwald weicht mit zunehmender Höhe zurück; er macht den Birken und Wacholdern (Juniperus) Platz, von denen sich einzelne sogar noch in einer Höhe von 4300 Metern behaupten.

Eine der Ursachen für die Wüste unten im Industal und das Vorhandensein von Wäldern, Wiesen und klaren Bächen 2000 Meter höher liegt unter anderem darin, daß die Niederschläge die stark aufgeheizten Talsolen kaum erreichen. Wenn sie nicht schon in den heißen Luftschichten darüber verdampfen, gelangen sie auf den Boden höchstens als sprichwörtliche Tropfen auf den heißen Steinen.

Der Wald als Lebensquelle

Die Situation des Walds im Himalaya kann man heute ohne Schwarzmalerei als katastrophal bezeichnen. Nur in wenigen Gebieten, wie in Bhutan und Arunachal Pradesh, besteht kein Anlaß zur Sorge für seinen Fortbestand in nächster Zukunft. Die Größe der Bevölkerung Bhutans steht in einem sehr günstigen Verhältnis zu der nutzbaren Landfläche. Hier wissen die Regierenden um die Wichtigkeit und Bedeutung des Walds, und, was noch wichtiger ist, die Leute handeln entsprechend verantwortungsbewußt. Forstfachleute aus der Schweiz haben schon seit gut zwei Jahrzehnten wesentlich dazu beigetragen, sinnvolles Abholzen und entsprechendes Aufforsten in diesem Land durchzuführen. In Nepal, im westlichen Himalaya und im Karakorum ist die Situation um den Bestand des Walds schlimm bis hoffnungslos. Im gesamten Karakorum gibt es eigentlich keinen Wald mehr. Es sind mehr oder weniger kleine Baumgruppen oder einzelne Bäume, die noch auf schwer zugänglichen Hängen, Kuppen oder Bergrücken existieren.

Im Sommer 1988 habe ich im westlichen Karakorum erlebt, wie zwei Bauern in 4100 Metern Höhe die letzten Wacholder in einer steilen Bergflanke umhackten. Das Holz wurde zum Bau einer Hütte benötigt. Auch in den anderen Gebieten des Karakorum, beispielsweise auf der Südseite der Masherbrum-Gruppe oder ganz im Norden, in der Gegend des Shimshal-Passes, fand ich wiederholt verwitterte Baumstumpen von einem Durchmesser bis zu 50 Zentimetern mitten in trockener, baumloser Landschaft. In einem anderen Gebiet, weit entfernt von jeder Siedlung, fiel mir in einer flachen Bergflanke eine Gruppe von Bäumen auf, die vor 40 oder mehr Jahren bereits abgestorben war. Bei diesen über Jahre hinweg gemachten Beobachtungen erhebt sich die Frage, ob der Wald nur durch Abholzung verschwand. Vielleicht starb er aufgrund einer Klimaveränderung langsam ab, oder es war ein Zusammenwirken von Mensch und Natur.

In Nepal geht aus alten Chroniken und aus Berichten von Reisenden hervor, daß die Südabdachung des Himalaya einmal von großen Urwäldern bedeckt war. Der Zustand vor 100 und mehr Jahren dürfte dem heutigen von Bhutan entsprochen haben. Nach Meinungen von Experten ist der Waldbestand in Nepal seit 1960 um 40 bis 50 Prozent zurückgegangen. Ähnlich erschreckende Zahlen sind auch aus der indischen Region Himachal Pradesh und dem Garhwal Himal bekannt. Das schnelle Anwachsen der Bevölkerung ist die Hauptursache für das Verschwinden der Wälder. Im Jahr 1976 hatte Nepal bereits zwölf Millionen Einwohner, 1988 waren es mehr als 17 Millionen. Zu der schon hohen Geburtenrate addieren sich zusätzlich die Einwanderer aus dem benachbarten Indien. Dazu gesellen sich außerdem ineffizienter Bürokratismus, Korruption bis in die höchsten Regierungskreise, skrupellose Geschäftemacherei und eine fatalistische Haltung vieler Bauern, welche weder die Gefahr noch die Probleme erkennen.

Im Terai wurden in den fünfziger und sechziger Jahren systematisch große Urwaldgebiete für den Ackerbau gerodet. Die wertvollen Hölzer verkaufte man dann zum Großteil über die nahe indische Grenze, wo sie unter anderem als Schwellen für den Gleisbau verwendet wurden. Im gesamten nepalischen Mittelland, bis auf wenige Gebiete mit kümmerlichen Restbeständen, gibt es deshalb heute keinen natürlichen Wald mehr. In die Bergurwälder des hohen Himalaya dringt der Mensch immer weiter vor. Er rodet mit Axt, Säge und Feuer, um sich einen neuen Lebensraum zu schaffen, um zu überleben. Sein Unwissen und sein Verhältnis zum Baum und zum Wald sind oft erschreckend. Die verheerenden Folgen der Waldlosigkeit sind bekannt und allerorts sichtbar. Die steilen, entwaldeten Hänge können gar nicht – oder nur kurze Zeit – der starken Belastung durch die Monsunregen in den Sommermonaten standhalten. Der kostbare Mutterboden wird fortgeschwemmt – in die Bäche, in die Flüsse, in den Ganges und ins Meer. Kein anderer Fluß der Erde fördert so große Mengen an Erdreich und Geröll ins Meer wie dieser Strom.

An jenen Stellen, an denen noch vor wenigen Jahren eine intakte Vegetationsdecke vorhanden war, die einen Großteil des Wassers aufsog, es festhielt und allmählich wieder freigab, ist heute nackter Fels. Wenn die Wassermassen freien Lauf haben, werden sie zum Ungeheuer, das alles zerstört, was sich ihm in den Weg stellt. Ganze Hänge mit Hunderten von Terrassen, die von fleißigen Bauern über Generationen erstellt und bearbeitet wurden, werden samt Häusern, Menschen und Tieren in die Tiefe gerissen. Aber selbst dort, wo das Land flach ist und nicht wegrutscht, werden Felder und der gute Boden mit so viel Schutt und Geröll überschwemmt, daß auf viele Jahre kein Ackerbau mehr betrieben werden kann. Die Medien berichten dann von großen Naturkatastrophen in Indien, Nepal und Bangladesh. Diese sind aber in Wirklichkeit Menschenkatastrophen.

In Nepal und anderen Himalayagebieten gibt es Projekte zur Wiederaufforstung. Viele meist junge Menschen aus Europa und Übersee wollen helfen. Sie kommen mit Idealismus und Engagement in den Himalaya, kehren aber nicht selten mit enttäuschten Hoffnungen zurück in ihre Heimat. Bürokratismus, Skepsis und Unverständnis auf der einen Seite, zu hohe und falsche Erwartungen, wenig Einfühlungsvermögen und zu wenig Vorbereitung auf der anderen Seite führen leider häufig zum Mißerfolg. Es gibt Dorf- und Stammesgemeinschaften im Himalaya, die seit vielen Generationen den Wald nicht nur nutzen, sondern ihn auch durch eine Reihe von selbst auferlegten Maßnahmen und Regelungen, die heute noch mit Erfolg ausgeübt werden, schützen. Diese guten Beispiele sind leider nur vereinzelt anzutreffen. Hilfe von außen kann nur dann sinnvoll sein, wenn die Einheimischen ihre Lage selbst erkennen, den Wunsch und den Mut haben, eine Veränderung herbeizuführen. Letztendlich sollten wir uns aber eingestehen, daß wir durch unsere Maßlosigkeit an der weltweiten Waldmisere genauso schuldig sind wie die unmittelbar Betroffenen – nur mit dem Unterschied, daß die einen versuchen, ihre menschlichen Grundbedürfnisse zu befriedigen, während die anderen ihren Wohlstand weiter ausbauen.

In den siebziger Jahren hat sich in Indien, im Garhwal Himal, eine Bewegung formiert, die mit gewaltlosem Widerstand gegen Gruppen von Holzfällern angeht, welche im Auftrag von Holzgesellschaften arbeiten. Ihre Art des Handelns und des Wehrens ist unter dem Begriff *Chipko-Bewegung* weltweit bekannt geworden. Sie verhindern das rigorose Abholzen ihres Walds, indem Frauen, Kinder und Männer die Bäume umarmen (Chipko heißt umarmen). Diese Bewegung hat Zuspruch gefunden, sie hat sich verbreitet und ist gewachsen. Ihre Vertreter verhandeln mit der Regierung in Delhi, jenen Herrn, die den Holzhändlern die Genehmigung für die verheerenden Kahlschläge erteilt haben. Die Chipko-Bewegung wendet sich nicht nur gegen den Raubbau des Walds, sie betreibt auch Aufklärung bei der Bevölkerung, legt Baumschulen an und pflanzt Hunderttausende von neuen Bäumen.

Heiliger Himalaya

Die meisten der großen Berge im Himalaya sind heilige Götterthrone. So auch die Gipfel des Ganesh Himal (7406 m) im Nordwesten von Kathmandu, dicht an der tibetischen Grenze. Das Bild entstand nach Schlechtwettertagen von einem Hochlager am Manaslu (siehe auch S. 202–205).

Berge in der Mythologie

Solange Menschen diesen Planeten bewohnen, haben sie ein ganz besonderes Verhältnis zu Bergen und Gebirgen. Es ist ein Verhältnis, das geprägt wird von Angst und Ehrfurcht, von Geheimnis und einer besonderen Anziehungskraft, die rational kaum zu erklären ist. Rund um den Globus gibt es heilige Berge, zu deren Gipfeln die Menschen steigen, um dort oben Opfer zu bringen, um zu beten und zu meditieren. Sie scheuen weder Mühen noch Strapazen, um dem Mystischen, dem Göttlichen näherzukommen.

Andere Gipfel besteigt man nicht, sie wären zu hoch und zu schwierig, man respektiert sie als die Wohnungen der Götter. Es genügt schon, diese Berge zu sehen, ihnen nahe zu sein, sie zu spüren, um ihre Kräfte in sich aufzunehmen.

Im Hochland der Anden beispielsweise wurden auf 6000 Meter hohen Gipfeln Relikte gefunden, die eindeutig auf ehemalige Kultstätten der Indios hinweisen. Ende der fünfziger Jahre entdeckte der Bergsteiger Hias Rebitsch in Chile auf dem 6720 Meter hohen Gipfel des Llullayllacu eine Opferstätte aus inkaischer Zeit. Es dürfte der höchstgelegene Kultplatz der Erde sein. Der 3776 Meter hohe Fujiyama, ein schöner, ebenmäßiger Vulkankegel, ist der heiligste Berg der Japaner, der wie kein anderer im Land seit Menschengedenken verehrt wird. Hunderttausende pilgern Jahr für Jahr zu seinem Kraterrand.

Der Adam's Peak im Süden der Insel Ceylon ist der einzige Berg, der von Menschen aller vier großen Religionen verehrt wird. Die Muslime glauben, daß sich Adam und Eva nach ihrer Vertreibung auf dieser paradiesähnlichen Insel niedergelassen haben und am Adam's Peak eine Zufluchtsstätte fanden. Die Hindus wiederum erkennen in einer markanten Vertiefung in den Gipfelfelsen den Fußabdruck des Gottes Shiva. Für die Buddhisten ist es ein Abdruck Buddhas, den er zur Erinnerung an seinen Inselbesuch hinterlassen hat. Schließlich glauben die Christen Indiens und Ceylons, daß der heilige Thomas hier gewesen sei.

Allen gemeinsam ist der Glaube, daß von dem Berg eine Kraft ausgeht, die den gläubigen Pilger auf seinem Weg zu Gott lenkt und begleitet. Auf dem Sinai empfing Moses die Gesetzestafeln, und der Olymp, der Berg der Griechen, war der Wohnsitz des Zeus. In Thessalien kletterten im 9. Jahrhundert Eremiten auf die Felstürme von Meteora, um dort in der Abgeschiedenheit Gott und Himmel näher zu sein.

Fünf Jahrhunderte später errichteten Mönche die ersten Klöster auf den bis zu 300 Meter hohen Konglomeratfelsen. Das Können und die Kühnheit dieser Leute ist bewundernswert; rätselhaft bei manchem Felsturm, wie sie dort hinaufgekommen sind.

In der Mitte des australischen Kontinents steht der Ayers Rock, ein fantastischer Monolith, der als größter der Erde gilt. Für die Ureinwohner, die Aborigines, war der Ayers Rock, den sie Uluru nannten, mehr als ein großer Stein. Uluru war ihr wichtigster Kultplatz, bis zu der Zeit, als der weiße Mann kam und ihnen alles nahm.

Der fast sechstausend Meter hohe Kilimanjaro, dessen vergletscherter Kraterrand fast unwirklich über der ostafrikanischen Steppe zu schweben scheint, wird seit Menschengedenken von den Stämmen des umliegenden Hochlands verehrt. Für die Massai ist er das Haus der Götter, und die Chagga glauben, daß die Geister ihrer verstorbenen Häuptlinge im Krater des Kibo leben. Von den heiligen Vulkanbergen in Mexiko sei noch der 5452 Meter hohe Popocatépetl – »Rauchender Berg« – erwähnt. Spanische Chronisten berichteten, daß die Azteken in feierlichen Prozessionen den Gipfel bestiegen, um die Götter mit Opfergaben zu ernähren und wohlzustimmen. Höhepunkte der rituellen Handlungen waren Menschenopfer, die in den rauchenden Krater geworfen wurden.

Sherpa mit Tragkorb vor einem Felsen mit Manischrift. Die riesigen Schriftzeichen wurden von Mönchen in mühevoller Arbeit in den harten Granit gemeißelt. Korb, Matte und Stirnband des Mannes aus Namche Bazar sind aus Bambus geflochten.

Manischrift auf einer Schieferplatte (links oben); Gebetszylinder, der mit der Hand im Uhrzeigersinn zum Drehen gebracht wird (links unten); Papierbündel mit heiligen Mantras, Schriften und religiösen Darstellungen (rechts oben); großer Kiesel mit dem Mantra Om Mani Padme Hum (rechts unten).

Die großen Denker, die Heiligen und die Weisen gingen auf Berge um zu beten, Opfer zu bringen, zu büßen, um Erleuchtung und Eingebung zu erlangen oder zu predigen. Nahe der Stadt Mekka stieg Mohammed auf den Berg Hera, um die heiligen Suren des Korans zu empfangen. Auf einem Berg sprach Buddha, der Erleuchtete, zu seinen Schülern, und Jesus hielt seine wichtigste Predigt auf einem Berg – die Bergpredigt.

Viele Namen von heiligen Gipfeln und Bergen, verteilt über die ganze Welt, ließen sich hinzufügen, bekannte und unbekannte, zu denen Menschen seit sehr langer Zeit ein spirituelles Verhältnis haben.

Der Himalaya – ein heiliges Gebirge

Himalaya, der Name kommt aus der altindischen Sprache Sanskrit und heißt übersetzt Schneewohnstätte. Die hohen Gipfel, eis- und schneegepanzert, sind nach dem Glauben der Hindus und Buddhisten die Wohnstätten ihrer zahlreichen Götter und Dämonen. Aber nicht nur die Berge, auch Gebirgsseen und Flüsse sind Stätten der Verehrung, der Wallfahrt, oder auch Plätze, denen man sich in Ehrfurcht nähert. Der Himalaya ist ein heiliges Gebirge, ein ungewöhnlicher Naturraum, durchdrungen von Spannungen, Strömungen und starken Kräften. In keinem anderen Gebirge begegnet der Wanderer so häufig den Zeichen einer tiefen Religiosität. Die meisten Menschen im Himalaya und Karakorum sind sehr gläubig. Ihr harter Alltag, ihre Feste, ja ihr ganzes Leben von der Geburt bis zum Tod sind durchdrungen vom Glauben, von ihrer Religion.

In all den Jahren des Unterwegsseins war ich immer wieder überrascht, verwundert und manchmal beschämt über die körperliche und seelische Stärke der Frauen und Männer, die wochenlang, oft unter schwierigsten Bedingungen, unser schweres Gepäck trugen. In solchen Situationen taucht häufig die Frage auf, wie ein Mensch dennoch freundlich und heiter sein kann, wenn seine Last so schwer, das Nachtlager kalt und hart, die Kleidung unzureichend und seine Nahrung ärmlich ist? Wie schafft er das, durch welche Schule ist er gegangen? Ist es sein Gottvertrauen? Sind es die unzähligen, sich wiederholenden Gebete von vielen Menschen um inneren Frieden und Liebesfähigkeit zu allen Geschöpfen, die ein starkes Energiefeld der positiven Kräfte erzeugen?

In welch inniger Beziehung der Bewohner des Himalaya zu den Göttern, zu den friedlichen und zornigen Geistern des Himmels und der Erde, dem Übersinnlichen und Überirdischen steht, bringt er in den verschiedensten Formen zum Ausdruck; von der naiven Zeichnung bis hin zum monumentalen Sakralbau. Es sind die einfachen Darstellungen auf der Lehmwand einer Hütte im östlichen Nepal, die ihren Bewohnern Schutz gewähren sollen vor bösen Geistern und Mächten. Es sind die kleinen Geisterfallen über manchem Hauseingang und die großen in den Andachtsräumen der Klöster. Diese Gebilde aus Holzstäben und buntem Garn haben die gleichen oder ähnliche Aufgaben zu erfüllen wie die so weitverbreiteten Amulette. In diesen oftmals aufwendig verzierten Kästchen oder Lederbeutelchen befinden sich irgendwelche Reliquien. Auch diese Dinge sollen Schutz gewähren vor unheilbringenden Geistern und Dämonen, die ihr Unwesen überall zwischen Himmel und Erde treiben.

In einem kleinen Schrein unter einem Bodhibaum zum Beispiel, es kann auch ein Tempel sein, errichtet im Pagodenstil, am Ufer eines Sees, wird Gott Shiva in Form eines Lingams verehrt. Im Phallussymbol, der Einheit von Lingam und Yoni (männliches und weibliches Geschlecht), wird die schaffende und die zerstörende Kraft Shivas angebetet und verherrlicht. Im indischen Himalaya, in Nepal, Sikkim und Kaschmir findet man viele in Stein gearbeitete Phallussymbole, selten in Metall, meist in Schreinen, aber auch freistehend. Shiva selbst, als Person dargestellt, oder sein Tempel ist leicht erkenntlich an seinem Attribut, dem Trisul (Dreizack), und am Bullen Nandi, seinem Reittier, dem ständigen Begleiter. Manchmal, allerdings sehr selten, entdeckt man am Rand des Wegs, in einer Felsnische, ein Shivalingam und eine große Zahl verrosteter Dreizacke, die heilige Männer, sogenannte Sadhus, hinterlassen haben.

Ein nicht zu übersehendes Phallussymbol steht in Lhasa im schönen Garten des Norbu Lingka, dem ehemaligen Sommerpalast des Dalai Lama. Auf der runden Steinplatte, das Yoni darstellend, liegt ein Haufen runder Kiesel, Votivgaben tibetischer Pilger. Ein gutes Beispiel für Toleranz zwischen zwei asiatischen Hochreligionen. Shiva, die bedeutendste Gottheit im Hinduismus, ist aber nur ein Gott im großen Pantheon.

Die größten Zeugnisse von Religion und geistigem Leben im Himalayaraum stellen die Klosteranlagen des tibetischen Buddhismus dar, der sehr oft auch als Lamaismus bezeichnet wird. Einige von ihnen sind von gigantischen Ausmaßen, wenn man an Drepung, Sera und Ganden in Tibet denkt. Es waren regelrechte Klosterstädte, in denen zwischen vier- und achttausend Mönche lebten, bis zu der Zeit, als China seine Soldaten schickte und sich das Land einverleibte. Ende der siebziger Jahre lokkerte Peking die harten Bandagen. Fremde durften ins Land kommen, und den Tibetern wurde wieder erlaubt, die wenigen übriggebliebenen Stätten ihrer Verehrung und Religion aufzusuchen. Die Klöster in Ladakh und Zanskar, in Bhutan und Nepal, auch heute noch erfüllt mit religiösem Leben, tragen und erhalten das Erbe Tibets.

Geheimnisvolle Mantras

Es sind aber nicht nur die klösterlichen Anlagen, die in ihrer unübersehbaren Lage ins Auge fallen. Ihre Bauherren haben für ungewöhnliche Bauplätze gesorgt, oft dem Himmel näher als der Erde, immer höher als die höchsten Wohnhäuser. Es sind auch und gerade die Millionen von großen und kleinen Steinen, die an den Wegen zu Manimauern geschichtet sind. Auf jedem Stein ist ein heiliges Mantra eingemeißelt, jene geheimnisvolle Anbetungsformel, die so viel beinhaltet und für uns Europäer so schwer zu verstehen ist. Der bekannteste, meistgebrauchte und geschriebene Gebetsspruch ist das berühmte *Om Mani Padme Hum* des Bodhisattva Avalokiteshvara. Die schlichte, doch völlig unzureichende Übersetzung des Mantras heißt: »Oh du Juwel in der Lotosblüte«. Dieses Mantra ist ein Symbol für die universale göttliche Macht, die allumfassende Liebe; ein Symbol für das Universum in seiner physischen und psychischen Unendlichkeit.

Avalokiteshvara, der bedeutendste Bodhisattva, wird auch Lokeshvara oder Padmapani, der Lotosträger, genannt. In Tibet, Ladakh, Zanskar und dem nördlichen Nepal nennen ihn die Leute Tschenresi. In 108 Erscheinungsformen offenbart sich dieser beliebteste und meistverehrte Bodhisattva.

Ein Bodhisattva ist ein Wesen, das die Erleuchtung erlangt hat und mit dem Austritt aus dem Kreislauf der Wiedergeburten ins Nirwana eingehen könnte. Er verzichtet aber darauf, um allen Menschen und Kreaturen mit seiner Hilfe zu dienen. In seiner vielleicht schönsten und bekanntesten Form wird er mit elf Köpfen und tausend Händen dargestellt, als das Hilfe spendende Wesen mit dem unendlichen Mitleid für alle Kreaturen. Tschenresi gilt als der Schutzpatron Tibets, und der heute im indischen Exil lebende 14. Dalai Lama ist seine Inkarnation.

Ein anderes vielzitiertes Mantra heißt *Asha Samate Puraye Hum* und wird mit »Laß Gott erfüllen die Wünsche für alle« übersetzt. Außer den Mantras werden auf behauenen Steintafeln die verschiedenen Bodhisattvas, Buddhas, berühmte Lamas, Sektengründer oder die Schutzgottheiten der Lehre dargestellt. Mit den heiligen Formeln werden außerdem die Papierrollen in den kleinen und großen Gebetszylindern (Manitschökhor) und die unzähligen im Winde flatternden Gebetsfahnen bedruckt.

Die Gebetszylinder werden vom Wasser, manche vom Wind, aber die meisten von den Menschen in Bewegung gesetzt, die dann zusätzlich in ständiger Wiederholung mit Hilfe der Gebetskette das Mantra rezitieren. Es ist völlig falsch zu glauben – man liest und hört es leider immer wieder –, daß es sich die Leute leicht machen, indem sie mit Hilfe des Wassers und des Winds die Gebetsmühlen und die Fahnen für sich beten lassen. Auch das ständige Wiederholen der Mantras hat nichts mit mechanischem Herunterleiern eines Gebets zu tun, durch das man sich Vorteile im Himmel erhofft. Es ist eher ein Versenken, eine Meditation, ein Näherkommen zum Göttlichen. Die Manisteine, die Gebetsfahnen, die Thangkas und Wandbilder in den Klöstern, die Gebetsmühlen über dem Bach – all diese äußerlich erscheinenden Dinge sind Hilfen zur Vertiefung, um die positiven Kräfte lebendig und aktiv zu machen, um letztendlich den Pfad zu finden zu sich und Gott. Das Drehen des Gebetszylinders ist eine symbolische Handlung, mit der immer wieder das Rad der Lehre (darma-cakra) in Bewegung gesetzt wird, jener bedeutungsvolle Akt, den Buddha vor mehr als 2500 Jahren vollzog.

Die Stupas

Zur Erinnerung an Buddha errichteten seine Anhänger über seinen Reliquien eine Anzahl von Stupas. Es war in Indien zu seiner Zeit und schon lange davor üblich, daß man bedeutende Frauen und Männer durch die Erbauung eines Stupas, eines einfachen Erdhügels, ehrte, um sie im Gedächtnis zu bewahren. Der Stupa, auch Chaitya genannt, oder Tschörten im Tibetischen, ist längst kein einfacher Erdhügel mehr, sondern ein Sakralbauwerk, dessen Architektur eine komplizierte Symbolik beinhaltet.

Stupas gibt es überall dort, wo die buddhistische Lehre Verbreitung gefunden hat. Größe und Aufwand in der Ausführung der Bauten können sehr unterschiedlich sein: angefangen bei kleinen, schlichten Tschörten im Hochgebirge, über die mit Gold, Silber und Edelsteinen geschmückten im Potala, bis hin zu den Stupas von Bodhnath und Svayambhunath im Kathmandu-Tal, die zu den ältesten und größten Asiens zählen. Es sind Gedenkstätten für bedeutende Leute wie Lamas, Sektengründer, Regenten, Heilige und andere. Ihre Reliquien, ein Papier mit Mantras, die Asche ihres Körpers – mit Lehm zu kleinen Figuren, den Tsa-Tsas, geformt –, werden häufig darin aufbewahrt.

Zum täglichen Leben des gläubigen Buddhisten gehören verschiedene Rituale, die ihm seit Kindesbeinen in Fleisch und Blut übergegangen sind: Er geht beispielsweise an geweihten Orten im Uhrzeigersinn: entlang der Manimauern, um einen Tschörten, in den Räumen der Klöster, vorbei an den Gebetsfahnen und -zylindern, weil die Sonne so ihren Lauf nimmt; und Buddha, der Erleuchtete, ist die spirituelle Sonne in den Herzen der Menschen.

Pilgerstätten im Himalaya

Im Himalaya gehen die meisten Menschen die längste Zeit ihres Lebens zu Fuß. Sie sind viel unterwegs. Wichtige Anlässe, sich auf den Weg zu machen, sind die vielen Feste, die immer religiösen Ursprungs sind.

Unterwegs zu sein heißt auch, die Pilgerstätten, die besonders heiligen Plätze und Orte im großen Gebirge aufzusuchen. Für den gläubigen Hindu und Buddhisten bedeutet die Erfüllung dieses Wunsches, seinen religiösen Zielen und Vorstellungen einen großen Schritt näherzukommen. Die Verwirklichung einer Wallfahrt ist ein Höhepunkt in seinem Leben. Um dieses Ziel zu erreichen, werden selbst die größten Mühen und Strapazen nicht gescheut, weder Hitze und Kälte, Regen, Sturm und Schnee,

noch die Gefahren im Hochgebirge. Je mehr Mühsal und Leiden die Reise bereitet, desto freier wird der Pilger von der Last seiner Sünden. Zu vielen Pilgerorten führen keine Straßen. Sie sind nur zu Fuß in tagelanger Wanderung zu erreichen. Es gibt Wallfahrer, deren Ziel so weit ist, das Gelübde so umfassend, daß sie erst nach Jahren der Wanderschaft wieder in ihrem Heimatort ankommen. Manchen genügt selbst das nicht. Sie erschweren ihren Weg zusätzlich, indem sie die ganze Strecke mit der Länge ihres Körpers ausmessen, um noch größere Verdienste für ihr Seelenheil zu erwerben. An jenen Stellen, an denen die Fingerspitzen der ausgestreckten Arme die Erde berühren, wirft sich der Asket erneut zum Boden nieder, so oft wiederholend, bis er sein Ziel erreicht hat.

Heilige Plätze

Die heiligen Orte der Verehrung sind im gesamten Himalayaraum zu finden. Jedes Jahr im August machen sich in den Bergen von Kaschmir mehr als 12000 Menschen auf den beschwerlichen Weg zum Shivalingam in der Höhle von Amarnath. Vor etwa 200 Jahren hatte ein Hirte in 3900 Metern Höhe die Höhle mit der mannshohen Eissäule darin entdeckt. Die Hindus sehen darin das Lingam des Gottes Shiva, das seit fast 5000 Jahren in Indien verehrt wird.

In Pahalgam, etwa drei Autostunden von Srinagar entfernt, beginnt die viertägige Wanderung nach Amarnath, deren schwierigste Etappe über den 4700 Meter hohen Mahaguna-Paß führt. Menschen aus allen Schichten, Männer und Frauen, allein, mit der Familie oder in Gruppen, sind auf dem Weg. Bauern aus Bengalen und Bettler aus Delhi, reiche Händler aus Bihar und Bombay, Alte und Junge (Kinder unter zwölf Jahren dürfen laut Verordnung nicht teilnehmen), Gesunde und Kranke. Manche lassen sich von Muslimen aus Pahalgam in Sänften tragen. Die Kaschmiri machen mit dem indischen Pilgertourismus ein gutes Geschäft.

Das Kathmandu-Tal, das eigentliche Nepal mit seinen Kunstschätzen, den Heiligtümern und den vielen Festen, zieht seit Jahrhunderten die Menschen an. Buddhisten und Hindus, nicht nur aus Nepal, sondern auch aus den benachbarten Ländern im Norden und Süden, besuchen die bereits erwähnten Stupas von Bodhnath und Svayambhunath, das Vishnuheiligtum Changu Narayan auf dem Doladri-Hügel in der Nähe der Stadt Bhaktapur oder Pashupatinath, den heiligsten aller Tempel in Nepal.

Im Norden des Landes, in einem Seitental der Kali Gandaki, liegt 3750 Meter hoch der heilige Platz Muktinath – einige Rasthäuser, eine Gompa und ein Tempel im Pagodenstil. Das Besondere an diesem Ort ist eine lodernde Flamme, genährt durch ausströmendes Erdgas, dicht neben einer Quelle mit sprudelndem Wasser. Darüber wurde die Gompa errichtet. In diesem Naturwunder sehen die Menschen ein göttliches Zeichen. Buddhisten und Hindus aus Nepal und Indien besuchen den ungewöhnlichen Platz. Der kürzeste Weg von der Stadt Pokhara hinauf nach Muktinath führt durch das Tal der Kali Gandaki, mitten durch die Hauptkette des Himalaya hindurch. Vierzehn Tage für eine Wegstrecke sollte man rechnen.

In Bhutan wird niemand so verehrt wie der heilige Guru Rinpotsche, der ehrwürdige und »kostbare« Lehrer. Sein bekannterer Name ist Padmasambhava, der Lotosgeborene. Der Magier aus Indien brachte den Buddhismus im achten Jahrhundert in den Himalaya und nach Tibet, wo er Samje, das erste Kloster, gründete. Eine bhutanische Legende erzählt, daß Padmasambhava von dort auf einem Tiger über die hohen Berge des Himalaya nach Bhutan flog. Hoch über dem Parotal fand er in den Felswänden eine Höhle, in der er vier Monate meditiert haben soll. Es ist jener Platz zwischen Himmel und Erde, an dem heute das Kloster Taktsang steht, das berühmte Tigernest, ein beliebter Wallfahrtsort der Bhutaner.

Heilige Mutter Ganga

»Heilige Mutter Ganga« nennen liebevoll die vielen Millionen Bewohner des indischen Subkontinents den heiligsten und meistverehrten Strom der Erde. Kein anderer hat eine so tiefgreifende Bedeutung für so viele Menschen. Für den gläubigen Hindu ist er das Symbol der Verflechtung und der Einheit von Mensch und Natur, das Symbol für Lebenskraft und den ewigen Kreislauf vom Werden und Vergehen. Nichts zeigt deutlicher als das Wasser, der Fluß, daß sich alles bewegt, verändert, daß alles einer ständigen Umwandlung unterworfen ist. Mutter Ganga ist der gebräuchlichste von 108 (eine heilige Zahl im Hinduismus und Buddhismus) Namen, die ein beredtes Zeichen dafür abgeben, daß dieser Strom mehr als nur Wasser und Fluß bedeutet. Ganga ist die Verkörperung des Göttlichen schlechthin. Seit Jahrtausenden wird sie verherrlicht und gepriesen, beschrieben in Legenden, im Epos Ramayana, in dem Rigveda, in den Schriften der Philosophen und den Versen der Poeten. In der Hindu-Mythologie wird der Fluß zur Göttin Ganga, der Tochter

Das Rad des Lebens ist eine der wichtigsten Darstellungen im Buddhismus. In einfacher Weise erzählt es dem Laien bedeutende Inhalte aus der Lehre des Erleuchteten. Mit Zähnen und Krallen hält Shinje, der Totengott, das Rad umklammert. Im innersten Kreis symbolisieren drei Tiere die Grundübel für alles Leiden und die damit verbundenen Wiedergeburten. Das Schwein steht für Ignoranz und Dummheit, die Schlange für Neid und Haß und der Vogel für Gier und Verlangen. In den fünf Abschnitten des Rads werden die Welten dargestellt, in die der Mensch, je nach Lebenswandel, hineingeboren wird. Im äußeren Kreis ersieht man in Symbolen die Verknüpfung von Ursache und Wirkung.

des Himalaya. Für den Hindu, egal, wo er wohnt – an der Küste des Indischen Ozeans, in den überquellenden Millionenstädten, am Rande der Wüste Thar oder unter den Schneegipfeln des Himalaya –, ist es die höchste und schönste Erfüllung, die letzten Tage an den Ufern der Ganga zu verbringen, ein Bad zu nehmen, und das Wasser zu trinken, das die Menschen nicht krank macht, sondern stärkt. Der Pilger bringt Opfer in Form von Blüten, Reis, Münzen und ein Licht in einer Schale, die der Fluß in der Dämmerung davonträgt, möglichst weit, ohne zu versinken.

Wenn der Mensch dann gestorben, sein Körper verbrannt und die Asche von den Fluten der Ganga aufgesogen ist, dann ist er seinem Himmel, dem Nirwana, nähergekommen.

Hoch oben in den Bergen des Garhwal Himal entspringen die sieben Quellflüsse der Ganga. Die drei wichtigsten sind Yamuna, Bhagirathi und Alaknanda mit den Wallfahrtsorten Yamnotri, Badrinath und Gangotri. Die Bhagirathi, der Hauptquellfluß, nimmt bei Devprayag, noch im Gebirge, die Alaknanda auf und führt ab dort den Namen Ganga. Die Yamuna vereinigt sich mit dem großen Fluß erst nach einem sehr langen Weg von mehr als 1000 Kilometern bei Allahabad.

Diese Stadt ist bekannt für das größte Fest auf dem Subkontinent – Khumb Mela. Es wird alle zwölf Jahre gefeiert. Dann steigen bis zu sieben Millionen Menschen in die Fluten, um Körper und Geist von Sünden reinzuwaschen.

Vom bekannten Pilgerort Gangotri dauert es noch einen Tagesmarsch bis zum Gletschertor in fast 4000 Metern Höhe, aus dem die Bhagirathi ihren weiten Lauf zum Golf von Bengalen nimmt. In dem milchiggrauen Wasser, gemischt mit kleinen und großen Eisblöcken, nehmen fromme Pilger das rituelle Bad. Es erfüllt einen mit Bewunderung, alte Frauen und Männer hier in einem wilden Hochgebirge zu sehen, die vorher nie aus ihrem Dorf oder ihrer Stadt herausgekommen sind. Nicht selten werden sie dabei liebevoll von Töchtern, Söhnen oder jüngeren Verwandten Schritt für Schritt begleitet und unterstützt. Über dem heiligen Platz Gaumukh erheben sich großartige und wilde Gipfel, die Bhagirathi-Gruppe und der Shivling. Er ist ein steiler, abweisender Berg aus Eis, Schnee und Granit, eine Berggestalt von vollendeter Schönheit und Harmonie. Die Hindus sehen und verehren in ihm Gott Shiva. Sein eigentlicher Thron aber ist der heiligste aller Berge, der Kailash in Tibet, auf dem er mit seiner Frau Parvati residiert.

Es gibt Pilger, die das Gelübde abgelegt haben, den gesamten Weg nur mit ihren Füßen vom Gletschertor bis hinunter zur Mündung der Ganga im Golf von Bengalen und wieder zurück zu gehen. Mindestens drei Jahre dauert diese, Pradakhshina genannte, Reise.

Die heiligen Berge

Ohne die Schnee- und Eisberge des Himalaya gäbe es keine Ganga mit ihren Tausenden von kleinen und großen Nebenflüssen. Die Gipfel sind die Throne und Wohnstätten der Götter und Göttinnen. Von ihnen kommt auch dann noch das lebenswichtige Wasser, wenn der Monsun gegangen ist und das Land unter Dürre und Hitze leidet. In vielen der Namen kommt Verehrung und Heiligkeit zum Ausdruck. Die 8091 Meter hohe Annapurna im zentralen Nepal wird von den Nepali als »die Nahrung spendende Göttin« verehrt. In der Altstadt von Kathmandu steht der ihr geweihte Tempel, eine kleine, zweistöckige Pagode. Täglich werden der Göttin, hauptsächlich von Frauen, kleine Opfergaben gebracht. Der höchste aller Berge, der Mount Everest, wird von den Tibetern Chomolongma genannt, Göttinmutter des Landes. Der Kangchendzönga ist der dritthöchste, was aber seine Ausmaße anbelangt, ist er der gewaltigste aller Berge im Himalaya. Das schwierig zu übersetzende tibetische Wort bedeutet soviel wie »die fünf Schatzkammern des großen Schnees«. Der Grenzberg zwischen Nepal und Sikkim wird von der Bevölkerung stark verehrt. Die Erstbesteiger mußten versprechen, wenigstens einige Meter unterhalb des Gipfel umzukehren, um nicht den Zorn der Götter heraufzubeschwören.

Die meisten der heiligen Berge des Himalaya sind sehr hohe oder besonders markante, formschöne und die Landschaft beherrschende Gipfel, also Berge, die eine große Anziehungskraft auf Bergsteiger ausüben. Diese begehrenswerten Ziele wurden auch fast alle erreicht, leider oft gegen den Willen und das religiöse Empfinden der einheimischen Bevölkerung, in manchen Fällen gegen das Verbot der Regierung im betreffenden Land.

Der heiligste Berg in Nepal ist der 7145 Meter hohe Gaurisankar, von Hindus und Buddhisten gleichermaßen geehrt und geachtet. Die Sherpa nennen ihn Jomo Tseringma, die göttliche Mutter des langen Lebens. Der Berg hat in Religion und Mythologie der Einheimischen eine so große Bedeutung, daß die nepalische Regierung bis zum Jahre 1979 die Stärke behielt, den Gipfel nicht zu »verkaufen«. Der Wunsch vieler Alpinisten aus aller Welt, als erste auf den Gipfel zu gelangen, wurde so massiv, daß die verantwortlichen Leute in Nepal dem Druck der Fremden schließlich nachgaben.

Eine andere, besonders eindrucksvolle Berggestalt ist der beinahe 7000 Meter hohe Machapuchare, der Fischschwanz. Ende der fünfziger Jahre gelangte eine britische Expedition bis fünfzig Meter unter den Gipfel. Auch sie hatte versprechen müssen, diesen nicht zu betreten. Später wurde von der Regierung ein generelles Besteigungsverbot erlassen.

Der Hinduismus

Vor mehr als 3000 Jahren entwickelte sich auf dem indischen Subkontinent der Hinduismus aus der Vermischung der religiösen Ideen der eindringenden Arier und der Religion der Ureinwohner. Weitere 2000 Jahre zurück gab es bereits im Industal hochentwickelte Kulturen, deren Relikte durch Ausgrabungen in Mohendscho Daro und Harappa ans Licht der Welt gebracht wurden. Diverse Funde zeigen einen Phallus- und Fruchtbarkeitskult, der in Beziehung zu Shiva gebracht werden kann.

Der Hinduismus ist die vielfältigste Religion, die es auf Erden gibt; voller Gegensätze, voller Widersprüche, schwer durchschaubar und oft unverständlich, nicht nur für den westlich denkenden Menschen. Es ist die Religion vom Dharma, dem ewigen Weltgesetz, dem unaufhaltbaren und unbeeinflußbaren Kreislauf von Werden und Vergehen. In dieser Religion gibt es keinen Weltschöpfer, also weder einen Anfang noch ein Ende der Welt. Der Hinduismus kennt keinen Religionsstifter, kennt keine für alle Hindus verbindliche Glaubenslehre. Es gibt kaum gemeinsame, umfassende Anschauungen, Riten und Richtlinien, die für alle Hindus Gültigkeit hätten. Da ist kein geistiger Führer, der den Weg anzeigt, der verwaltet, der leitet und bestimmt. Diese Religion trägt und entwikkelt sich selbst seit Jahrtausenden. Es treten immer wieder weise Männer auf, große Denker, die sich mitteilen, die die Wahrheit neu verkünden, die neue Impulse geben. Die große Zahl der heiligen Schriften, abgefaßt in der Gelehrtensprache, dem Sanskrit, entstand in dem großen Zeitraum von drei Jahrtausenden. Es ist eine sehr umfangreiche Literatur, die Veden, die Upanishaden und andere mehr, die zwar als ein wichtiger Teil der Religion zu betrachten sind, für den gläubigen Hindu aber nicht die verbindliche Wichtigkeit besitzen wie zum Beispiel der Koran für die Muslime oder die Bibel für die Christen. Letztendlich liegt es in der Hand, im Kopf, im Herzen eines jeden Menschen, welchen Weg er wählt.

Der Hinduismus ist eine tolerante Religion, die es dem einzelnen freistellt, ob er viele Götter, einen Fluß, einen Berg, einen Baum verehrt oder nur zu einem einzigen Gott betet. Entscheidend für ihn sind in diesem Leben sein Handeln und seine Taten, das Karma, das dafür bestimmend ist, ob er im nächsten Leben als Wurm, Bauer oder Brahmane geboren wird. Sein jetziges Erdenschicksal – ob er viel oder wenig leiden muß, ob er in eine der niedrigen oder obersten Kasten hineingeboren wurde –, sein ganzer Lebensstand ist die unabdingbare Folge seiner guten und schlechten Taten, seiner Gedanken und seines Handelns in den früheren Leben.

Der Hinduismus ist strenggenommen keine Weltreligion, wie etwa Christentum und Islam, sondern die Religion der Inder. Fremde können nicht Hindus werden. Die wenigen Ausnahmen, die man kennt, bestätigen eher die Regel.

Diese Gedanken dürfen aber nicht darüber hinwegtäuschen, daß der Hindu innerhalb seines Lebensraums, seiner Kaste, seiner Sekte einer religiösen Ordnung unterliegt, die sein tägliches Leben weitgehend bestimmen kann.

Der Buddhismus

Gautama, Buddha, Siddhartha oder Shakyamuni sind die Namen für einen der bedeutendsten Männer, den die Menschheit je hervorgebracht hatte. Er wurde um das Jahr 560 vor Christus in Lumbini, das heute zu Nepal gehört, in einer angesehenen Familie geboren.

Buddhas Lehre war anfangs keine neue Religion, sondern eher eine Philosophie, die sich erst später, nach seinem Tod, in verschiedene Richtungen entwickelte und in großen Teilen Asiens Verbreitung fand. Der Buddhismus ist als ein großes Dach zu sehen, unter dem sich die unterschiedlichsten Entwicklungen vereinen, da die Substanz der Lehre allen gemeinsam ist. In dieser Lehre kommen die Vergänglichkeit der Welt und das Leiden in ihr besonders stark zum Ausdruck, aber auch das leuchtende Ziel, das Heil zu erlangen, das über allem stehende Nirwana. Um dieses Ziel zu erreichen, spricht Buddha (der Erleuchtete) von den vier edlen Wahrheiten über das Leiden, die Ursache des Leidens, die Auflösung des Leidens und den achtfachen Pfad, der zur Aufhebung des Leidens führt. Dieser tugendhafte Pfad ist gekennzeichnet durch rechtes Leben, rechtes Handeln, rechtes Verstehen, rechtes Denken, rechtes Sprechen, rechte Bemühungen, rechte Gesinnung und rechte Meditation.

Siddharta (der sein Ziel erreicht hat) oder Shakyamuni (Weiser der Shakyas), wie er auch genannt wird, hat den rechten Weg nicht nur gefunden und gepredigt, sondern er hat ihn vorbildlich vorgelebt.

Schulen des Buddhismus

Nach dem Tod des Erleuchteten gab es um seine Lehre Verwirrung unter seinen Anhängern. So entstanden in den folgenden Jahrhunderten verschiedene Schulen, die sich in zwei Hauptwege spalteten. Die einen bemühten sich, die Lehre so getreu wie möglich weiterzuführen. Sie sahen in Buddha die historische Gestalt, den Reformator, den Menschen. Diese Richtung wurde Hinayana-Buddhismus genannt, die Lehre vom kleinen Fahrzeug, im Gegensatz zum großen Fahrzeug, dem Mahayana-Buddhismus der progressiven Gruppe. Als der vielleicht wichtigste Unterschied zwischen den beiden Schulen ist die Bodhisattva-Idee im Mahayana zu sehen. Unter Fahrzeug wird der Weg verstanden, der zum höchsten Ziel führt, dem Nirwana. Von den Bodhisattvas (Erleuchtungswesen) sind die drei bekanntesten der bereits erwähnte Avalokiteshvara, außerdem Manjusri und Vajrapani. Sie verkörpern Mitleid, Weisheit und Kraft. Häufig werden sie als Dreiergruppe dargestellt. Diese religiösen Vorstellungen wurden später zur tragenden Säule der Gelben Kirche. Darunter versteht man die Sekte der Gelugpa (Tugendhaften), die im 14. Jahrhundert von dem Reformer Tsongkhapa ins Leben gerufen wurde und bis zum Jahre 1951 die Staatskirche Tibets gewesen ist.

Drei Beispiele für die hochentwickelte Kunst in der Bronzegießerei im Kathmandu-Tal: auf dem großen Bild (ganz links) die friedvolle Göttin Tara beim Stupa Svayambhunath, die Hand der Göttin Yamuna im königlichen Palast zu Patan (links) und eine Tara im Tempelhof des Macchendranath in der Altstadt von Kathmandu.

Im Mahayana-Buddhismus fanden im Lauf der Zeit nicht nur die Bodhisattvas Eingang, sondern auch verschiedene Götter des Hinduismus. Ihre Darstellungen in Form von Figuren und Bildern in Tempeln und Schreinen, in Verbindung mit Ritualen, Kulthandlungen und einer umfangreichen Mythologie, verschafften den Leuten einen leichteren Zugang zur Religion als das philosophische Gedankengut des Erleuchteten. Es kommt den meisten Menschen entgegen, sichtbare Götter anzubeten, ihnen Opfer zu bringen und sie um Hilfe gegen all die Nöte und Leiden zu bitten, mit denen man in einem Menschenleben in Berührung kommt.

Innerhalb des Mahayana entwickelte sich, bedingt durch tantrische Einflüsse, der Vajrayana-Buddhismus. Vajra oder tibetisch Dorje ist ein dem Zepter ähnlicher Ritualgegenstand, der auch heute noch im gesamten tibetischen Buddhismus täglich Verwendung findet. Tantrismus oder Tantra ist keine eigenständige Religion, sondern ein esoterischer Kult, in dem Magie, geheime Riten und Lehren und sexuelle Praktiken eine wichtige Rolle spielen. Die vielen Darstellungen, figürlich und auf Bildern, in denen friedvolle und zornige Gottheiten in inniger Umarmung mit ihrer weiblichen Entsprechung (Shakti) dargestellt werden, finden ihren Ursprung im Tantra, das sich zu Beginn unserer Zeitrechnung in Indien entwickelte.

Wann die buddhistische Lehre in den Tälern des Himalaya Einzug hielt, läßt sich vermuten, aber nicht genau datieren. Der indische Kaiser Ashoka (3. Jahrhundert v. Chr.), ein Anhänger und Verbreiter dieser Lehre, hat seine Missionare auch in den westlichen Himalaya und nach Nepal gesandt. In Zentraltibet fand der Buddhismus unter dem König Srongtsen Gampo im 7. Jahrhundert Duldung und Anerkennung, da seine beiden Frauen aus Nepal und China diesen Glauben mitbrachten.

Zum großen Durchbruch kam die Religion in Tibet und im Himalaya durch den aus Indien stammenden Tantriker Padmasambhava (der Lotosgeborene). Dem Yogi, Magier und großen Lehrer wird nachgesagt, daß er mit Hilfe seiner Weisheit und seinen überirdischen Kräften und Fähigkeiten sogar die mächtigen Geister und Dämonen der in Tibet ansässigen Bönreligion besiegte. Padmasambhava gründete in der Nähe von Lhasa gegen Ende des achten Jahrhunderts Samje, das erste Kloster des Landes.

In den nahezu 1200 Jahren, seit dem Wirken des großen Guru bis in unsere Zeit, hat der tibetische Buddhismus viele Tiefen und Höhen durchgemacht, bis hin zu Glaubenskämpfen der verfeindeten Anhänger unterschiedlicher Doktrinen.

Der tibetische Buddhismus, oft auch als Lamaismus bezeichnet, ist eine Vermischung der einst in Tibet herrschenden Bönreligion, der religiösen Vorstellungen der Menschen des Himalaya (Schamanismus, Animismus, Naturreligionen etc.) mit den »Fahrzeugen« des Mahayana und des Vajrayana. Die höchst komplizierte Welt dieser Religion mit ihrer Fülle von Buddhas, Gottheiten, Dämonen und Geistern, den Darstellungen der großen Yogis, Lamas und Sektengründer, den geheimnisvollen Riten, Bildern und Mandalas, könnte leicht in Verdacht geraten, mit der ursprünglichen Lehre des Buddha nichts mehr gemein zu haben. Das äußere Erscheinungsbild zeigt den asketischen Sucher, den Menschen, der höchste spirituelle Vollkommenheit in der Erleuchtung fand, im krassen Gegensatz zu einer Kirche, deren Auswüchse in riesigen Klosterstädten und kirchlicher Macht gipfelte. Trotz aller Veränderungen blieb die Essenz der buddhistischen Lehre erhalten, nicht nur in den geschriebenen Werken, sondern auch in den Herzen der Menschen.

Der Islam

Zum Schluß muß noch der Islam, die jüngste der großen Religionen, erwähnt werden, der während seiner Ausbreitung auf dem indischen Subkontinent auch in die Täler des Himalaya gelangte. Ende des zwölften Jahrhunderts drangen die Muslime bis nach Westtibet hinein, um ihren Glauben und ihre Macht auszudehnen. Dabei wurden zahlreiche Klöster zerstört. 150 Jahre später fiel der Sultan Shamshuddin von Bengalen mit seinem Heer im schwer zugänglichen Nepal ein und zerstörte eine Vielzahl der Heiligtümer im Kathmandu-Tal. Zu jener Zeit reichte die muslimische Welt von der Iberischen Halbinsel im Westen über den indischen Subkontinent bis hin zur Inselwelt Indonesiens und den Grenzen Chinas. Die Bevölkerung in Kaschmir, in Teilen von Ladakh und Zanskar und im gesamten Karakorum sind Muslime. Sie gehören zu den Sunniten, Schiiten und Ismailiten. Letztere bewohnen hauptsächlich den Nordwesten des Karakorum, die Gegend von Hunza, Pasu und Shimshal. Als ihren göttlichen Imam (religiöses Oberhaupt) verehren sie den Aga Khan. In den genannten Gebieten war zuvor der Buddhismus verbreitet, wie deutlich aus zahlreichen Inschriften und Felszeichnungen im oberen Industal hervorgeht.

Einmal im Jahr werden die heiligen Schriften der buddhistischen Lehre in einer feierlichen Prozession um die Ortschaft Sama herumgetragen. Sama liegt am Fuß des Manaslu im nördlichen Nepal.

Der hinduistische Gott Shiva wird seit sehr langer Zeit in Form eines Lingams (männliches Geschlechtsmerkmal) dargestellt und verehrt. Das abgebildete Lingam mit vier Gesichtern ruht in dem Yoni (Symbol für das weibliche Geschlecht).

Avalokiteshvara, in Tibet Tschenresi genannt, ist der beliebte Bodhisattva des unendlichen Mitleids für alle Kreaturen. Häufig wird er mit elf Köpfen und tausend Händen dargestellt (links).
Kopf der neuen, riesigen Skulptur des Buddha Maitreya im Kloster Tikze (siehe auch S. 117). Dieser Maitreya-Tempel wurde 1983 vom Dalai Lama eingeweiht.

Karakorum – das höchste Gebirge der Erde

Es ist unverständlich, daß man für »den Berg der Berge« keinen besseren Namen als K2 (Karakorum Nr. 2) gefunden hat. Da wäre der Name Chogori (großer Berg) schon besser gewesen. Der zweithöchste Gipfel der Erde mißt 8611 Meter.

Der Karakorum ist anders als der Himalaya, höher, schroffer, wilder und unzugänglicher. Er ist das höchste Gebirge auf unserem Planeten. Nirgendwo sonst gibt es eine solche Anhäufung und Konzentration von Bergen und Gebirgsketten von sechs-, sieben- und achttausend Metern Höhe. Der K2 oder Chogori, wie ihn die Einheimischen früher nannten, ist mit 8611 Metern der zweithöchste Gipfel der Erde. Broad Peak oder Falchan Kangri, Gasherbrum I (Hidden Peak) und Gasherbrum II schmücken sich ebenfalls mit der magischen Zahl 8000. Von den rund 130 Siebentausendern sind auch heute noch viele unbestiegen und manch einer ohne Namen. Ganz zu schweigen von den unzähligen Bergen, die zwar niedriger sind, aber nicht weniger interessant und verlockend. Die Steilheit und Wildheit des Gebirges findet ihren Ausdruck in Gestalten und Formen, die zum Ungewöhnlichsten und Bizarrsten zählen, was die Erdkruste zu bieten hat. Trangotürme, Kathedralen, Muztagh Tower und andere mehr zeigen eine Felsarchitektur, die neben ihrer Großartigkeit durch eine Harmonie besticht, die einen zum ehrfürchtigen Staunen bringt. Neben schlanken Felstürmen aus Granit beeindrucken kilometerlange Wandfluchten hoher Eis- und Schneeberge mit gewaltigen Hängegletschern und Wänden aus Riffelfirn bis hinauf zu den höchsten Graten und Gipfeln.

Schwarzes Geröll und Eisgebirge

Karakorum ist ein schönes und geheimnisvolles Wort, ein Wort aus dem Türkischen, das aber nicht mehr als »schwarzes Geröll« bedeutet, eine Bezeichnung, die zwar auf die trockenen und steinigen Täler zutrifft, jedoch nicht auf das stark vergletscherte Hochgebirge. Man nimmt an, daß Reisende aus Turkestan, die auf dem alten Karawanenweg nach Leh in Ladakh unterwegs waren, den 5575 Meter hohen Karakorum-Paß so benannten. Erst viel später erhielt das Gebirge seinen Namen. Noch um die Jahrhundertwende wurde der Karakorum von namhaften Forschern und Bergsteigern dem Hindukusch zugerechnet.

Ein anderes türkisches Wort, Muztagh, bedeutet Eisgebirge. Es ist viel treffender und wird von den Einheimischen für die verschiedenen Gebirgsgruppen verwendet, zum Beispiel Hispar Muztagh, Saser Muztagh, Batura Muztagh. Das gesamte Gebirge wird allerdings nicht so genannt.

Die längsten Gletscher

Die Vergletscherung des Karakorum ist doppelt bis dreimal so groß wie die des Himalaya. Während im Himalaya die Gletscher von verhältnismäßig geringen Ausmaßen sind, fließen hier die längsten Eisströme der Erde, wenn man einmal die arktischen Regionen außer acht läßt. Der Siachen (Rosengletscher) ist mit 76 Kilometern der längste. Hispar und Biafo sind durch den Hispar-Paß miteinander verbunden und messen je etwa 60 Kilometer. Der 58 Kilometer lange Batura, ganz im Nordwesten des Karakorum, fließt bis hinunter zur Straße, zum berühmten Karakorum-Highway; und der Chogo Lungma (Großes Tal), der von den Eisgipfeln der Haramosh- und Rakaposhi Gruppe genährt wird, schiebt seine Gletscherzunge nach rund 45 Kilometern beinahe an die Felder der kleinen Siedlung Arandu in 2900 Metern Höhe heran.

Der Baltoro

Das Herzstück des Karakorum bildet die Gruppe des Baltoro Muztagh mit den höchsten Gipfeln und dem 58 Kilometer langen Baltoro selbst. In ihn münden mehr als ein Dutzend größerer Nebengletscher. Baltoro heißt in der Sprache der Balti soviel wie Lebenspender. An der Stelle, an welcher sich in gut 4600 Metern Höhe die Eisströme des Oberen Baltoro, des Gasherbrum und Godwin Austen vereinen, befindet sich Concordia, eine einmalige Hochgebirgsarena, benannt nach dem gleichnamigen Platz im Berner Oberland, wo der Aletschgletscher seinen Ursprung hat.

Baltoro und Concordia sind wohl die gewaltigsten und eindrucksvollsten Hochgebirgslandschaften der Erde. Daher ist es nicht verwunderlich, daß alle, die diese Region erlebten, in überschwenglichen Worten davon berichten. Wenn auch der Weg dorthin lang und beschwerlich ist, so übt der Baltoro Muztagh auf Bergsteiger und Naturfreunde dennoch eine große Faszination und Anziehungskraft aus, die jene aller anderen Gebirgsgruppen übertrifft.

Ursachen der starken Vergletscherung

Die Größe und die Länge der Eisströme ist beeindruckend. Sie reichen weit hinunter in die trockenen und wüstenhaften Tal-Lagen, bis in Höhen zwischen 2500 und 3800 Metern. Die Gletscherzungen im Karakorum liegen im Durchschnitt 1000 Meter niedriger als jene im Himalaya, dies ist nur deshalb möglich, weil die Eisströme kilometerweit mit einer dicken Schuttschicht bedeckt sind. Eine zusätzliche Isolierung stellt die winterliche Schneedecke dar, die bis in die Sommermonate hinein das Eis bedeckt. Wie im Kapitel Klima erwähnt, erstreckt sich der gesamte Bogen des Himalaya und Karakorum über insgesamt sieben Breitengrade. Die 7785 Meter hohe Baturamauer ganz im Westen liegt also 1000 Kilometer weiter im Norden als der Kangchendzönga in Sikkim. Eine solche Entfernung macht sich klimatisch bemerkbar.

Die Niederschläge in Höhen über 4500 Meter fallen das ganze Jahr über meist als Schnee und mit größerer Ergiebigkeit als in weiten Teilen des Himalaya. Einer der Hauptgründe für die starke Vergletscherung ist meines Erachtens die topographische Gegebenheit. Bedingt durch die Dichte und Geschlossenheit der Gebirgsgruppen mit hohen Gipfeln auf einem relativ engen Raum ergibt sich eine große Durchschnittshöhe. Die Steilheit der Gipfel, Grate und Wandfluchten mit ihren Wächten und Hängegletschern bringt es mit sich, daß der größere Anteil der Gletscherbildung nicht von weitflächigen Nährzonen bestimmt wird, sondern eher durch riesige Mengen von Eis- und Schneelawinen, die unaufhörlich und zu allen Zeiten zu Tal donnern. Auffallend im Karakorum sind die großen, ebenmäßig verlaufenden Gletschertäler mit ihrem geringen Gefälle, die kaum von Geländestufen unterbrochen werden. Unter den zahlreichen Nebenarmen gibt es Gletscher, die sich auf den schuttbedeckten Hauptstrom schieben, sich aber nicht mit ihm verbinden und ihn dann mit blanken Eistürmen verzieren. Das Ende des Gletschers aber erreichen selbst die höchsten und dicksten Eistürme nie, da die Wärme der Sonne sie vorher vernichtet.

Gebirge in Bewegung

In kaum einem anderen Gebirge lassen sich Veränderungen in der Landschaft so hautnah miterleben wie im Karakorum. Da ist vor allem das große Netz der Eisströme, die in ständiger Bewegung sind. Die einen ziehen sich zurück, die anderen stoßen vor, einige bleiben relativ konstant. Die gemessenen Fließgeschwindigkeiten betragen bis zu vier Meter pro Tag. Weltweit gesehen, geht das Eis in den letzten Jahrzehnten und Jahrhunderten zurück. Der Karakorum ist davon weniger stark betroffen als der Himalaya und andere Gebirge. Hauptsächlich sind es die vorstoßenden Gletscher, nicht die langen, ruhig fließenden, sondern die kleinen und ungestümen, die ganze Täler abriegeln und die Flüsse in todbringende Stauseen verwandeln, die nach Wochen, Monaten oder Jahren ausbrechen. Der Tippuri über Arandu ist solch einer, der seine schuttbedeckte eisige Zunge seit Jahren weiter vorschiebt und die Ortschaft bedroht. Einige Hütten, Bäume und Felder wurden bereits von Fels- und Eisblöcken, von Was-

Das Tal des Hunza unweit seiner Mündung in den Gilgit-Fluß. Die grüne Oase Nomal erhält ihr Wasser nicht aus dem Hunza, sondern von einem höher fließenden Nebenfluß.

ser und Schlamm zerstört. Wie unmittelbar die Menschen durch Veränderungen der Natur in Mitleidenschaft gezogen werden, zeigt der starke Rückgang des Bualtar-Gletschers in den vergangenen 20 Jahren. Die Bewohner der kleinen Ansiedlung Shishkin mußten diese aufgeben, da mit dem Rückgang des Eises das lebensnotwendige Wasser verlorenging. Felsstürze, Muren, Überschwemmungen in den Zeiten der Schneeschmelze, das Ausbrechen von Gletscherseen und das Verschieben der Flüsse bedrohen die Bewohner des Karakorum seit Menschengedenken. Hinzu kommen gelegentliche Erdbeben, deutliche Zeichen für die anhaltende Hebung der Gebirgsketten.

In Erzählungen und Überlieferungen ist immer wieder die Rede von großen Naturkatastrophen, die ganze Täler samt ihren Bewohnern vernichtet haben. Die Leute der Ortschaft Pasu nördlich von Hunza kämpfen seit Jahren gegen den wilden Hunza-Fluß, der seine Richtung so stark verändert hat, daß er die etwa 15 Meter hohe Uferböschung immer wieder unterhöhlt und zum Einsturz bringt. Tausende von Quadratmetern kostbarsten Garten- und Ackerlandes hat der Fluß bereits für immer davongetragen. Bulldozer, Bagger und ähnliche Maschinen, mit denen man das Wasser umleiten könnte, sind kaum erhältlich. Die Leute von Pasu haben begonnen, ein anderes Stück Wüste unter Schaufel und Hacke zu nehmen, Wasser hinzuleiten, Bäume zu pflanzen und Felder anzulegen.

Wege und Straßen

Der Karakorum-Highway, eine der kühnsten Straßenanlagen, in den Jahren zwischen 1958 und 1978 von Tausenden von Chinesen und Pakistani erbaut, ist nur ganz selten auf seiner gesamten Strecke befahrbar, manchmal sogar für Tage gesperrt, wenn die Räumfahrzeuge und Bautrupps nicht schnell genug durchkommen. Wie schwer und gefährlich dieser Straßenbau war, belegen die Gedenktafeln mit den langen Listen der Verunglückten. Straße der Freundschaft wurde sie genannt, als Symbol des hundertjährigen Freundschaftsvertrags zwischen Pakistan und China.

Der Karakorum-Highway, der zum Teil identisch ist mit der ehemaligen Seidenstraße, verläuft ganz im Westen des Gebirges. Eine zweite Verbindung war der Karawanenweg, der von Sinkiang kommend über den Karakorum- und Saser-Paß, weit im Südosten, nach Leh in Ladakh führte. Zwischen diesen beiden Wegen türmen sich gigantische Bergketten in einer Länge von 320 Kilometern, über die nicht ein einziger Pfad nach Norden führt.

Im Himalaya dagegen gibt es zwischen Arunachal Pradesh im Osten und dem Nanga Parbat im Westen mehr als 40 Übergänge nach Tibet oder Ladakh. Einige wenige davon sind das ganze Jahr über passierbar, fünf können mit Autos oder Geländefahrzeugen benutzt werden. Meistens aber handelt es sich um schwer zu begehende Pfade, die nicht selten über 5000 Meter hohe Pässe mit Eis und Schnee führen. Der Karakorum ist so wild und abweisend, daß nur verhältnismäßig wenige Wege und »Straßen« ins Gebirge hineinführen. Europäische Straßenkonstrukteure würden sich die Haare raufen und staunen, was hier mit recht primitiven Mitteln geschaffen wird. Beim Anblick des Geländes – gewaltige Felsschluchten, Geröll- und Schuttreißen über 2000 Höhenmeter, die immer in Bewegung sind und Flüssen, die im Sommer die bis zu hundertfache Menge an Wasser führen – würden sie den Bau eines befahrbaren Wegs für unmöglich halten. Zweifellos sind die Karakorumrouten die kühnsten und unglaublichsten, die es weltweit gibt. Wenn die Bauern aus Hopar zu ihren Sommersiedlungen, ihren Feldern, ihren Weidegründen oder den spärlichen Waldresten wollen, müssen sie über einen 150 Meter hohen Moränenabbruch des Bualtar-Gletschers hinunter, um anschließend diesen zu queren.

Das Almgebiet Shuworth, 4650 Meter hoch, auch Pamir genannt, liegt auf der Nordseite des Karakorum, dicht an der Grenze zu China. Einige Familien aus Shimshal verbringen hier die Monate Juli und August mit ihren Schaf-, Ziegen- und Yakherden.

Um sicher auf das Eis zu gelangen, bauten sie in diese Wand aus Konglomerat einen Steig hinein, so meisterhaft, daß er auch für ihre Tiere gangbar ist. Wenn die Bewohner der Siedlung Shimshal, die ganz versteckt und schwer zugänglich im Norden des Hispar Muztagh in einer Höhe von 3100 Metern gelegen ist, von ihren Einkäufen in Gilgit nach Hause wollen, haben sie, trotz Fahrt mit dem Autobus, noch einen langen und abenteuerlichen Weg vor sich. Mit dem Verlassen des Karakorum-Highway beginnt ein drei- bis viertägiger Fußmarsch durch das Tal des Shimshal, ein Nebenfluß des Hunza. Diese Verbindung zur Außenwelt führt durch eine brutale und menschenleere Fels- und Geröllwildnis, in der es nur selten einen grünen Flecken gibt. Durch dieses Tal mit seinen zum Teil 1000 Meter hohen Schluchtwänden haben die Shimshali einen so abenteuerlichen Weg angelegt, daß einen Staunen und Bewunderung ergreifen. Mal führt der Steig Hunderte von Metern hoch über die dunkelgrauen Fluten des Flusses, mal knietief im Wasser an glatten Felswänden entlang. Einige Seitenbäche führen zur späten Tageszeit so viel Wasser, daß es sinnvoll ist, einen Biwakplatz zu suchen und am nächsten Morgen weiterzuziehen. Mehrmals geht es ausgesetzt über schmale Gesimse durch senkrechte Wände, dann wieder über riesige Geröllhänge, in denen der Fuß kaum Halt findet, da der Untergrund unter jedem Schritt nachgibt. Wie die kleinen Trockenmauern auf vielen abwärts geneigten Platten halten können, bleibt ein Rätsel. Nur einmal wird der Shimshal auf einer Hängebrücke überquert, um das leichte Gelände eine Zeitlang auszunutzen. Zwei andere Brücken führen über reißende Nebenflüsse, die vom Hispar Muztagh kommen und in den Sommermonaten viel Wasser führen. Am zweiten Tag, etwa in der Mitte der gesamten Wegstrecke, muß zweimal der Fluß mühsam an einem gespannten Drahtseil überquert werden. Das Gelände, durch das der Weg noch vor wenigen Jahren führte, hat sich durch Bergstürze und ständigen Steinschlag so verändert, daß man gezwungen ist, die gefährliche Passage auf der anderen Flußseite zu umgehen. Bevor dann endlich am letzten Tag der flache Talboden von Shimshal erreicht wird, versperrt der blanke und kaum schuttbedeckte Malangutti-Gletscher den Weiterweg. Für die Querung dieses letzten glatten Hindernisses braucht man ungefähr zwei Stunden, je nach Zurechtfinden zwischen den blendendweißen Eisrippen.

Nach dem Durchstieg einer Schuttrinne auf die gut 100 Meter hohe Seitenmoräne geht der freie Blick ins weite Tal, auf die grüne Oase Shimshal mit dem weitverzweigten, gleichnamigen Fluß.

Oasen

Es ist schon eine Überraschung, nach den Tagen in der Einsamkeit und der Enge von nackten, graubraunen Bergen in der trockenen Hitze der Geröllreißen jetzt grüne Felder, Bäume und Häuser in einem breiten Tal zu sehen. Das Grün scheint satter und frischer als jenes in unseren Breiten – wahrscheinlich aber ist es eine Täuschung, weil der Kontrast zur umliegenden Landschaft so groß ist und die Konturen so scharf geschnitten sind zwischen dem grünen, bewässerten Land und der unmittelbar angrenzenden Gesteinswüste. Mehr als 1000 Menschen leben hier in 130 Anwesen, die verstreut zwischen den Feldern liegen. Auf der Südseite des Tals zerschneidet ein grünes, wie mit dem Lineal gezogenes Band die braunen Geröllhänge. Es ist einer von vielen kilometerlangen Wasserkanälen, die im Karakorum und im angrenzenden Ladakh das Gletscherwasser zu den Feldern, Menschen und Tieren leiten. Das kostbare Naß wird nach festgelegten Regeln und einem ausgeklügelten System verteilt. Mit dieser wichtigen Aufgabe sind bestimmte Männer des Dorfs betraut, die dafür Sorge tragen, daß keine Familie benachteiligt wird. Das Leben in den Oasen erfordert Gemeinschaftssinn, verbunden mit einer gewissen Opferbereitschaft für die Allgemeinheit. Nur gemeinsam lassen sich solch schwere Aufgaben wie Kanal- und Wegebau in einer erbarmungslosen Natur bewältigen. Die Methoden der Kanalisierung und Bewässerung werden von Generation zu Generation weitergegeben; sie haben sich kaum verändert.

Es ist immer wieder beeindruckend, wie die Leute das Wasser mit viel Geschick und Ausdauer von den Bächen und Flüssen ableiten, und wie sie mit einfachsten technischen Mitteln ein Höchstmaß an Effizienz erreichen. Manchmal ist es notwendig, wenn es die Struktur des Geländes erfordert, einen Kanal in senkrechte Felswände zu meißeln oder den Bach durch ausgehöhlte Baumstämme in die gewünschte Richtung zu leiten. Der Fluß, der Gletscherbach, das Wasser überhaupt haben im Leben dieser Menschen den höchsten Stellenwert. Ohne künstliche Bewässerung gäbe es in der Hochgebirgswüste Karakorum kein Überleben.

Das Betreten einer Oase bedeutet plötzliches Eintauchen in eine andere Welt, in eine Atmosphäre aus Kühle und Frische mit dem Geruch nach Menschen, Feuer und überreifen Aprikosen, es bedeutet Ruhe und Geborgenheit, die zum Verweilen und Rasten einlädt. Die einfachen grauen Häuser mit flachen Dächern und Wänden mit Flechtwerk aus Weidenruten und Lehm sind selbst wie ein Teil der Natur und passen sich harmonisch ihrer Umgebung an. Im Schatten von Pappeln, Weiden und Obstbäumen kommt einem der Wert von Wasser und Bäumen deutlich ins Bewußtsein.

Auf den Feldern werden, je nach Höhenlage, Weizen, Hafer, Gerste, Erbsen und Kartoffeln angebaut. In den Gärten gedeihen vielerlei Gemüse und Früchte. Berühmt für die Qualität und die Vielfalt an Obst ist die Oase Khapalu, ein Garten Eden am Ufer des Shyok, 2600 Meter hoch gelegen. In den Gärten wachsen köstliche Äpfel, Birnen und Kirschen, Pfirsiche und Weintrauben, Kürbisse, Maulbeeren und wohlschmeckende Aprikosen in großen Mengen.

Die Aprikose ist die weitverbreitetste aller Früchte im Karakorum. Die Bauern behaupten, es gäbe 30 Sorten davon. Sie ist nicht nur ein wichtiger Bestandteil der einheimischen Ernährung, sondern auch Handelsgut, das bare Münze bringt. Nach der Ernte, in den Monaten Juli und August, werden die entkernten Früchte auf den flachen Dächern, auf Felsen und auf Steinen zum Trocknen ausgelegt, um sie später in den Bazaren von Gilgit und Skardu zu verkaufen, oder die eigenen Wintervorräte aufzustocken.

Der Karakorum ist nicht schön. Die Landschaft ist hart, abweisend, menschenfeindlich, oft chaotisch wie eine Baustelle von gigantischen Ausmaßen, in der vieles noch nicht fertig ist. Gäbe es nicht die kleinen Siedlungen, die Oasen, ein von Menschen geschaffener Lebensraum, würde dem großen Gebirge etwas fehlen. Erst beides zusammen, jene extremen Gegensätze, schaffen einen fantastischen Landschaftsraum, der für Menschen mit offenen Sinnen anziehend und tief beeindruckend sein kann. Nirgendwo habe ich den Schatten eines Baums, ein klares Gewässer oder ein Stück grüner Wiese so wohltuend empfunden wie dort. Nirgendwo empfand ich Leben so intensiv wie beim Anblick einer einzigen Pflanze mit grünen Blättern inmitten einer riesigen Geröllflanke oder eines Strauchs der blühenden Heckenrose zwischen braunschwarzen Felsblöcken.

Die Menschen im Karakorum

In welcher Zeit und vor wievielen Jahren Menschen zum Oberlauf des Indus und seinen Nebenflüssen gekommen sind, oder wann sie es gewagt haben, bis hinauf an die Gletscher zu gehen, ist unbekannt. Ebenso rätselhaft werden die Gründe für die Tatsache bleiben, welche die Menschen veranlaßt haben könnte, sich in Grenzbereiche menschlicher Existenz zu begeben.

Das Industal dürfte schon Jahrtausende vor unserer Zeitrechnung von den damaligen Völkern als Verbindung zwischen dem indischen Subkontinent im Süden und dem Tarimbecken im Norden benutzt worden sein. Die vielen, zum Teil schon in den vierziger Jahren entdeckten, aber erst in jüngster Zeit ausgewerteten Felszeichnungen und Inschriften werden von Fachleuten vom 3. Jahrtausend vor Christus bis zum 8. Jahrhundert danach datiert. Eine große Zahl der Bilder zeigt Stupas, Bodhisattvas und Darstellungen aus dem Leben des Buddha – ein sichtbarer Beweis für den sich ausbreitenden Buddhismus in den ersten Jahrhunderten unserer Zeitrechnung bis hinauf nach Zentralasien. Diese Felsgravuren, die meisten in der Gegend von Chilas, in Hunza, Skardu und Swat konnten dank der großen Trokkenheit die Jahrhunderte und Jahrtausende überdauern.

Das eigentliche Hochgebirge des Karakorum ist so gut wie unbesiedelt. Die harte Natur aus Fels, Eis und Geröll, dazu die Höhe und die starke Kälte in den Wintermonaten ergeben keinerlei Möglichkeiten für menschlichen Lebensraum. In Skardu, der Hauptstadt von Baltistan, beträgt die mittlere Temperatur im Januar minus 15 Grad Celsius. In den Orten Askole und Hushe wurden Werte zwischen 25 und 30 Minusgraden gemessen. Die meisten Siedlungen liegen in Höhen zwischen 1500 und 3000 Metern. Die hohen Lagen von Askole (3050 m), Shimshal (3100 m) oder Panamik (3220 m) sind schon eher als Ausnahmen zu bezeichnen. Die Almsiedlungen, in denen ein Teil der Bevölkerung die Sommermonate mit Schafen, Ziegen und Yaks verbringt, liegen in Höhen bis maximal 4600 Meter.

Bei der Begegnung mit Menschen im Karakorum fallen einem Leute auf, die eine verblüffende Ähnlichkeit mit Europäern haben. Die Farbe von Haut, Haaren und Augen, der Körperbau und die Gesichtsform würden ebenso zu einem Bauern in den Alpen oder sonstwo im südlichen Europa passen. Da begegnet man neben kleinen und mittelgroßen Leuten auch hünenhaften Gestalten mit roten Haaren und heller, sommersprossiger Haut, mit großen Nasen und blauen Augen. Das Wissen über ihre Herkunft und ihre Geschichte ist recht lückenhaft und ungewiß. Es sind die Nachfahren indoarischer Volksgruppen, die vor langer Zeit mit großer Wahrscheinlichkeit von Nordwesten her eingewandert sind. Wir kennen sie heute unter den Namen Darden, Hunza, Wakhi und Balti. Die Sprache der Darden ist das Shina, eine Sprache, die im Raum Gilgit (Dardistan) und im westlichen Ladakh, hauptsächlich im Drastal, gesprochen wird.

Die Hunza

Die Hunza, bekannteste Bevölkerungsgruppe, die nordöstlich von Gilgit, zwischen dem Batura Muztagh und dem Rakaposhi, siedelt. Sie wurden berühmt durch eine Reihe von Veröffentlichungen in Büchern und Zeitschriften, in denen sie mit überschwenglichen Worten als das gesündeste Volk der Erde, das Volk, das keine Krankheiten kennt, geschildert wurden. Das sind natürlich Übertreibungen, denn auch bei den Hunza gibt es körperliche Leiden, und das nicht erst seit Fertigstellung des Karakorum-Highway, der einen großen Einschnitt in ihr bis dahin recht geruhsames Leben brachte. Aber auch in anderen Teilen des Karakorum und des Himalaya gibt es Volksgruppen, deren Mitglieder bis zu 100 Jahre alt werden.

Bis zum Jahr 1974, als die Regentschaft des Mir von Hunza durch die pakistanische Regierung aufgelöst wurde, galt Hunza als ein unabhängiges Fürstentum. Die Hunzakutz, wie sich die Bewohner auch nennen, wurden zwar 1891, ebenso wie die Nagerkutz in dem kleinen Fürstentum auf der anderen Seite des Hunzaflusses, von den Briten in der Schlacht von Nilt unterworfen, konnten jedoch ihre Autonomie weitgehend bewahren. Über Jahrhunderte hinweg galten die Hunza bei den Kirgisen, Chinesen und ihren Nachbarvölkern als berüchtigte Räuber, die vor allem bei den Karawanen auf der Seidenstraße wertvolle Beute machten. Manchmal geschahen diese Überfälle sogar in Eintracht mit den Leuten aus Nager, obwohl das Verhältnis zum Nachbarn auf der anderen Flußseite selten gut war. Beide Dynastien entwickelten sich jedoch vor mehr als 1000 Jahren aus einem Herrscherhaus in Gilgit. Ihre Sprache ist das eigentümliche Burushaski, ein Idiom, das sonst in keiner der großen Sprachfamilien zu finden ist.

Dominierend – hoch oben über dem Hunzafluß, über den Terrassenfeldern und der Ortschaft Baltit –, schon von weitem sichtbar, liegt das alte Stammschloß der Mire von Hunza. Seit vielen Jahrhunderten lenkten sie von dort oben mehr oder weniger gut die Geschicke in diesem Teil des Karakorum, durch den die Seidenstraße führte. Sie leiten ihre Abstammung – übrigens ebenso wie andere einstige Herrscher von Dardistan – auf Alexander den Großen zurück. Wissenschaftlich ist dies kaum belegbar, andererseits bleibt aber die Möglichkeit bestehen, daß Soldaten seines Heers in einigen Tälern des Karakorum zurückgeblieben sind. Viel naheliegender ist da die Version einer Einwanderung aus dem persischen Raum.

Die Wakhi

Weiter nördlich im Tal des Hunza und seines Nebenflusses Shimshal bezeichnen sich die Bewohner als Wakhi. Ihre Herkunft, der Wakhan, ist heute jener afghanische Zipfel, der von Rußland, China und Pakistan umschlossen ist. Die Shimshali, deren Weidegründe vier Tagesmärsche nordöstlich ihrer Siedlung liegen, bezeichnen dieses Gebiet richtig als Pamir (kalte Hochsteppe). Dieses Wort finden wir wieder in Gebirgsbezeichnungen in Afghanistan und Rußland. Die Leute haben sehr viel Ähnlichkeit mit den Hunza, sprechen zum Teil neben dem Wakhi auch deren Burushaski und gehören wie diese zur islamischen Sekte der Ismailiten. Ihr religiöses Oberhaupt ist der Karim Aga Khan. Er hat große Projekte auf den Gebieten der Gesundheit, Erziehung und Landwirtschaft nicht nur ins Leben gerufen, sondern auch entsprechend finanziell unterstützt. So ist es nicht ungewöhnlich für junge Männer in diesem Gebiet, wenn sie Hochschulen in Karachi oder Islamabad besuchen.

Auffallend bei den Ismailiten ist die Stellung der Frau. Im Gegensatz zu ihren Nachbarinnen im schiitischen Nager, in Baltistan oder in den Tälern um Gilgit tragen diese keine Schleier, sind selbstbewußter und bewegen sich freier. Im Verlauf von Festlichkeiten in Shimshal erlebte ich, wie Frauen mit dem Mikrophon (Batteriebetrieb) zur Bevölkerung sprachen und Lieder vortrugen. Mädchen wie Buben haben hier die Möglichkeit, eine Schule zu besuchen.

Die Balti

Baltistan ist das Land der Balti, der weitaus größten Bevölkerungsgruppe im Karakorum. Sie bevölkern das Tal des Indus um die Hauptstadt Skardu und die großen Seitentäler der Flüsse Shigar und Shyok. Die wechselvolle Geschichte der Balti zeigt, daß dieses Volk über große Zeiträume von unterschiedlichen Herrschern und Dynastien unterdrückt wurde. Obwohl sie die tibetische Sprache sprechen, zählen sie zu den eingewanderten indoarischen Dardvölkern, die sich später mit Tibetern vermischten. Die Balti waren Buddhisten, lebten einige Jahrhunderte unter der Herrschaft Tibets, bis ihnen im 14. Jahrhundert neue Herrn mit Gewalt die Botschaft des Islam brachten. Im 16. und 17. Jahrhundert lagen sie wiederholt im Krieg mit dem benachbarten Ladakh. Mit der letzten großen Invasion in Baltistan brachten die Dogra-Truppen des Maharadscha Gulab Singh Angst, Schrecken und Elend ins Land.

Heutzutage ist der sehr niedrige Lebensstandard der Balti auffallend, vor allem, wenn man weiß, daß sie in früheren Zeiten für ihr handwerkliches Geschick in den Nachbarstaaten bekannt und gefragt waren. Das Schloß von Baltit im Hunzaland wurde der Überlieferung nach von Handwerkern aus Baltistan erbaut. In ihren Legenden und Erzählungen kommt zum Ausdruck, daß es in ihrer Vergangenheit auch bessere Zeiten gegeben hat, die dem heutigen Lebensstandard in keinerlei Weise entsprechen.

Leider hat man zu Unrecht den Balti in den letzten Jahrzehnten einen schlechten Ruf verpaßt. Das liegt sicherlich weniger an den Balti, als am Unvermögen der Fremden, diese Menschen zu verstehen und sie in einer menschenwürdigen Art und Weise zu behandeln.

Die Gruppe der Trango-Türme (6251 m) am unteren Baltoro-Gletscher mit bis zu 2000 Meter hohen Wandfluchten zählt zu den eindrucksvollsten Berglandschaften unserer Erde.

Der Regenbogen täuscht, denn die Niederschläge in der Gegend von Skardu sind so gering, daß nur durch künstliche Bewässerung Wachstum möglich ist. Ein Großteil des Regens geht an den Kämmen der Gebirge nieder oder verdunstet in der trockenen Luft.

Der Indus und das Talbecken von Skardu. Sand, Wasser und nackte Felsberge bestimmen das Landschaftsbild um Skardu, der Hauptstadt von Baltistan. Zur Zeit des Hochwassers tritt der Fluß über die Ufer und verwandelt die Wüste in eine Seenlandschaft.

Hoch über dem reißenden Braldu, auf einem Absatz in der steilen Bergflanke, liegt die Siedlung Hoto mit grünen Feldern. Das lebensnotwendige Wasser wird über Kanäle von einem Bergbach abgeleitet.

Wald gibt es nicht, Brennmaterial ist äußerst rar und meist nur in Form von Dornengestrüpp vorhanden. Der Balti hat seine schwere, unbequeme Last von weit oben hergeholt.

Unterwegs zum K 2. Ein Felsblock hat sich aus der Uferböschung gelöst und blockiert den ohnehin schwierigen Weg am Braldu. Für den mit 25 Kilogramm Mehl und anderen Sachen beladenen Balti erfordert diese heikle Stelle eine gute Portion Geschicklichkeit.

Ein eindrucksvoller Übergang auf dem neuntägigen Marsch zu Concordiaplatz und K 2-Basislager sind diese beiden Balken über eine ganz enge Felsklamm. Der Braldu hat sich hier gute 50 Meter tief eingeschnitten. Der Träger traut sich nicht allein zum anderen Ufer.

Das Ende des 58 Kilometer langen Baltoro-Gletschers ist mit einer dicken Schicht aus Schutt und großen Gesteinsblöcken bedeckt. Beim Betreten des Gletschers singen die Träger gemeinsam zu Allah.

Der Baltoro wird in seinem mittleren Teil flacher und ist damit angenehmer zu begehen. Die Last der Träger, es sind Balti aus Dassu und Askole, beträgt in der Regel 20 Kilogramm pro Mann.

Über dem schuttbedeckten Baltoro erhebt sich an seinem nördlichen Rand ein fantastischer Felsberg mit Wandfluchten und riesigen Pfeilern – die Kathedrale. Sie gehört ebenfalls zur Trango-Gruppe, die zwischen dem Biale- und Trango-Gletscher liegt. Die Teleaufnahme (rechte Seite) zeigt den oberen Wandteil der 5866 Meter hohen Kathedrale.

Eine Gruppe von Trägern zieht von Concordia in nördlicher Richtung zum K 2 (Chogori). In der linken Bildhälfte ist der 6125 Meter hohe, imposante Marble Peak zu sehen.

Vom gleichen Standpunkt, um 180 Grad gedreht, sieht man die 7654 Meter hohe Chogolisa-Gruppe. Anfang Juni liegt noch eine Schneedecke auf dem Gletscher, die, je nach Wetter, erst im Juli von der Sonne aufgezehrt wird.

Die Morgensonne beleuchtet den 6759 Meter hohen Biarchedi und inszeniert damit ein eindrucksvolles Licht-Schattenspiel. Der Berg liegt südlich des Baltoro in der weit ausgedehnten Masherbrum-Gruppe.

In der Sprache der Balti heißt Gasherbrum »leuchtende Wand«. Der ebenmäßige, 7925 Meter hohe Gasherbrum IV beherrscht das Landschaftsbild von Concordia. Im Bild die extrem schwierige und gefährliche Westwand.

Immer wieder auffallend im Karakorum sind Menschen, die mit ihrer hellen Hautfarbe, ihren blonden oder gar rötlichen Haaren und ihren Gesichtsformen auch als Europäer gelten könnten. Der Mann lebt in Hunza und das Mädchen in Shimshal.

Einige Tage war ich Gast auf der Alm Shuworth (siehe auch S. 53 und S. 92). Diese Frauen baten mich, eine Aufnahme von ihnen zu machen. Ich war überrascht, da dieses Verhalten in der muslimischen Gesellschaft nicht üblich ist.

Land der Hunza. Blick auf die Ortschaft Altit und den Karakorum-Highway, der ehemals als Seidenstraße zwischen Indien und Sinkiang eine wichtige Bedeutung hatte.

Der 7788 Meter hohe Rakaposhi (Drachenschwanz) ist der dominierende Berg der ehemaligen Fürstentümer Nager und Hunza. Beinahe 6000 Höhenmeter beträgt die Distanz zwischen der Talsohle des Hunza und dem Gipfel.

◁ Dicht zusammengedrängt liegen die Häuser der Ortschaft Altit. Auf den flachen Dächern – sie sind Hinweise auf ein arides Klima – werden Aprikosen getrocknet. Bei den meisten Häusern sind die Räume um ein Atrium orientiert.

Hoch oben, die weitläufige Ortschaft Baltit überragend, liegt das etwa 700 Jahre alte Schloß der Mire von Hunza. Darüber, in die Wolken ragend, der 7329 Meter hohe Bojohagur Duanasir (Ultar Peak) in der Batura-Gruppe.

Unterwegs zum Gondokoro Peak (5650 m) auf der Südseite der Masherbrum-Gruppe. Der markante Sechstausender in der Bildmitte ist namenlos.

Südseite des 7821 Meter hohen Masherbrum, nach dem die Gruppe benannt wurde (links oben); namenloser Gipfel auf der Südseite des Braldu-Tals (rechts oben); Broad Peak oder Falchan Kangri (8047 m, links unten); der 7027 Meter hohe Spantik über dem Chogo-Lungma-Gletscher (rechts unten).

Der eisgepanzerte, 6469 Meter hohe Kapaltang Kun ist der dominierende Gipfel im Süden des Chogo-Lungma-Gletschers (Chogo Lungma = Großes Tal). Der Berg ist bis heute noch von keinem Bergsteiger bestiegen.

Über dem 40 Kilometer langen Chogo-Lungma-Gletscher im westlichen Karakorum erhebt sich die formschöne Eispyramide der Laila (6985 m). Erst in den fünfziger Jahren wurde der Gipfel nach einer pakistanischen Sagengestalt benannt.

Auf der Südseite der Masherbrum-Gruppe liegt die Ortschaft Taris (2700 m) im Hushe-Tal. Die wild zerklüfteten Granitberge im Hintergrund sind namenlos und unvermessen.

Balti-Mädchen aus Taris amüsieren sich über die Fremden. Die Stoffe ihrer bunten Kleider – früher in Eigenproduktion gefertigt – werden schon seit Jahren nicht mehr selbst hergestellt.

Die Oase Pasu (2560 m) auf der Ostseite der Batura-Gruppe mit dem weitverzweigten Hunza und dem Karakorum-Highway. Ganz links der 6106 Meter hohe Tupupdan, an dessen Fuß der Shimshal in den Hunza mündet.

Durch diese unwegsame Schlucht des Shimshal bauen die Bewohner der gleichnamigen Ortschaft in Eigeninitiative eine Straße. Gegen Mitte der neunziger Jahre soll der erste Jeep fahren.

Einer der kühnsten Wege im Karakorum führt durch die Schluchten des Shimshal. Mal geht es über riesige Schuttreißen, dann direkt am Fluß entlang oder über Gesimse. Im Winter, bei Niedrigwasser, gehen die Leute durch das Flußbett.

An manchen Stellen weitet sich das Tal, und an Orten, an denen ein Seitenbach Teile des Talbodens überschwemmt, gibt es Leben, dort wachsen Pflanzen.

Auf riesigen Schwemmkegeln befinden sich die grünen Terrassen der 3100 Meter hoch gelegenen Siedlung Shimshal am Nordrand des Hispar Muztagh. Rund 1000 Menschen leben hier in 130 Häusern, verteilt über drei Ortsteile.

Shimshal liegt zwar weit ab von jeglicher Zivilisation und ist schwer zugänglich, doch seine Bewohner haben Kontakt zur Außenwelt. Es gibt eine Moschee und je eine Schule für Buben und für Mädchen. Einige Kinder besuchen Schulen in Gilgit und Karachi.

Die Frau meines Gastgebers in Shimshal. Die Bewohner dieser Ortschaft sind mit Menschen aus Pasu verwandt, gehören wie diese zu den Wakhi, sprechen die gleichnamige Sprache und ebenso das Burushaski der Hunza und Urdu, die Nationalsprache Pakistans.

Mittelpunkt des traditionellen Hauses ist der kleine Herd in der Mitte. Das Ofenrohr ist eine Neuerung, allgemein noch nicht üblich. Auf drei Seiten, 30 cm erhöht, befinden sich die Schlafplätze. Das einzige Licht fällt durch die quadratische Dachöffnung.

In der Almsiedlung Shuworth (4650 m) auf der Nordseite des Karakorum, dicht an der Grenze zu Sinkiang, leben von Ende Juni bis Ende August 26 Familien aus Shimshal mit ihren Herden. Zu diesem, auch Pamir genannten, Weideland ist man vier Tage unterwegs.

Abends werden die Herden zurück in die Pferche getrieben und von den Frauen gemolken. Der Mann in der Mitte spinnt Wolle. Manchmal gehört es zu seinen Aufgaben, Jagd auf Wölfe und Steinböcke zu machen.

Im Süden sieht man den Karakorum mit dem Hispar Muztagh. In der Mitte die Yazghil-Gruppe (7852 m). Darunter, noch sichtbar, der Yazghil-Gletscher, dessen Wasser in den Shimshal fließen (links unten verdeckt). Ganz rechts ist der 7885 Meter hohe Distaghil Sar zu sehen.

Yakkarawane unterwegs im nördlichen Karakorum. Der Yak ist das beste Reit- und Tragtier für schwierigstes Gelände. Kein anderes Tier transportiert so schwere Lasten so sicher und ausdauernd.

Kaschmir, Ladakh und Zanskar

Hoch über Leh, auf dem Namgyal-Hügel, befinden sich die Ruinen der alten Burg, dicht darunter der Maitreya-Tempel mit der riesigen Figur des zukünftigen Buddha.

Kaschmir

Wenn Inder oder Besucher aus aller Welt das Wort Kaschmir hören, sehen sie vor ihrem geistigen Auge eine satte, üppige Landschaft, eine paradiesische Gegend mit einem angenehmen Klima entstehen. Sie denken an grüne Wiesen mit blühenden Mandelbäumen, an Gärten mit vielerlei Obst, Gemüse und leuchtenden Blumen, an stille Seen mit Hausbooten und Lotosblüten. Sie sehen die schwimmenden Gärten im Dal- und Nagin-See, die kleinen Dörfer, versteckt zwischen hohen Pappeln und Weiden, umgeben von grünen Reis- und gelben Safranfeldern. Sie träumen von Ferien in einem gesegneten Land, für das schon Kaiser und Könige vor Jahrhunderten schwärmten. Auch heutzutage ist das liebliche Tal von Kaschmir mit den Bergen des Himalaya im Hintergrund, den Hausbooten und Shikaras im Vordergrund, mit dem Angebot an kostbaren Teppichen, Schals, Edelsteinen und dem besten Safran der Welt selbst für verwöhnte Touristen der Inbegriff einer exotischen Ferienlandschaft. Das glückliche Tal, der Garten Eden oder das Venedig des Ostens, wie das Talbecken von Kaschmir auch gepriesen wird, liegt geschützt zwischen der 4800 Meter hohen Kette des Pir Panjal im Süden und dem Himalaya im Norden. Srinagar, die mehr als eine halbe Million Einwohner zählende Hauptstadt an Dal-See, Nagin-See und dem Fluß Jhelum, zeigt spätestens dann das andere Gesicht Kaschmirs, wenn in der Altstadt wieder einmal Kleinkrieg herrscht. Das Einschlagen von Kugeln, das Detonieren von Sprengkörpern, die Gegenwart von Polizisten und Soldaten, Tote und Verwundete, Angst und Elend sind dann das schreckliche Bild – geschaffen aus Dummheit, Haß und Fanatismus. Kaschmir ist der explosive Zankapfel zwischen Indien und Pakistan seit jener unheilvollen Teilung des Subkontinents in die islamischen Staaten Bangladesh und Pakistan einerseits und das hinduistische Indien andererseits im Jahr 1947. Obwohl die überwältigende Mehrheit in Kaschmir Muslime waren, kam nur ein Teil des Lands zu Pakistan, während der andere Indien zugeordnet wurde. Die Kaschmiri würden sich gerne ihren Glaubensgenossen in Pakistan anschließen oder am liebsten selbständig und unabhängig von den beiden großen Staaten sein.

In indischen Schriften wird der Name Kaschmir erstmals im Zusammenhang mit dem großen Kaiser Ashoka (3. Jahrhundert v. Chr.) genannt. Es heißt darin, daß er ein kluger und weiser Herrscher gewesen sei, der ganz dem buddhistischen Glauben zugetan und auch bemüht war, diesen in seinem großen Reich zu verbreiten. So geschah es, daß in seinem Auftrag Missionare nach Kaschmir geschickt wurden. Nach Christi Geburt kam das Land unter den Einfluß der Kushanen. Ihr wichtigster Herrscher, König Kanishka, war ein eifriger Anhänger des Buddhismus. Er verbreitete die Lehre in Ladakh, Zanskar und weit hinein nach Innerasien. Kaschmir wurde über Jahrhunderte zum Zentrum der religiösen Kunst und Kultur, der geistigen Wissenschaften und somit der bedeutendste Ort für die Verbreitung der Lehre des Buddha. Verschiedene buddhistische und hinduistische Ruinenplätze und Baudenkmäler im Land sind Zeugnisse dieser kulturell hochstehenden Epoche, zu der unterschiedliche Dynastien und Herrscher beider Religionen im 1. Jahrtausend beigetragen haben.

Der große historische Einschnitt für den gesamten indischen Subkontinent war der Einfall der Muslime im 11. Jahrhundert, die bis zum heutigen Tag die Geschichte in entscheidendem Maß mitbeeinflussen.

In den folgenden Jahrhunderten dauerte der häufige Machtwechsel fremder Herren über die Kaschmiri an. Nach fast 200 Jahren Herrschaft der Sultane wurden diese von den Moguln im 16. Jahrhundert abgelöst. Der große Kaiser Akbar ließ als Zeichen seiner Macht hoch über Srinagar das Fort Hari Parbat erbauen. Außer dieser düsteren Festung gibt es aber auch den Shalimar Bagh, den schönsten aller Mogulgärten. Afghanische Invasionen machten dem Regime der Großmoguln im Kaschmir-Becken 1753 ein Ende. Immerhin 65 Jahre hielten sie die Macht, bis sie 1819 von den Sikh, den indischen Männern mit den Turbanen, vertrieben wurden.

Nach den Sikh kamen die Engländer. Kaschmir blieb trotzdem ein unabhängiges Fürstentum, in dem es selbst den Kolonialherrn des Subkontinents nicht erlaubt war, Land zu kaufen. Diese machten aus der Not eine Tugend, indem sie Hausboote bauten, ähnlich denen der Kaschmiri.

Zuletzt kamen die Touristen aus Indien und aller Welt, um für wenige Tage die einmaligen und komfortablen Hausboote in Besitz zu nehmen.

Ladakh

Wer auf dem Landweg von Srinagar nach Leh reist, erlebt auf der Kaschmirseite eine eher vertraute Landschaft, die viel Ähnlichkeit mit Gegenden in den Zentralalpen hat. Klare Bergbäche, saftiggrüne Almwiesen, dunkle Nadelwälder, Bergseen, in denen noch im Juli Eis schwimmt, und schroffe Berge. Einige davon sind über 5000 Meter hoch und mit Schnee und Eis bedeckt. Niederschläge fallen reichlich – im Winter viel Schnee und im Sommer viel Regen. Wenn der Reisende den 3529 Meter hohen Zoji La (La = Paß) hinter sich gelassen hat, taucht er ein in eine andere, fremdartige Welt. Die trockene Luft ist dünner und reiner, das tiefe Blau des Himmels ist geschmückt mit grauweißen Wolkenballen, und das grüne Kleid Kaschmirs ist dem warmfarbenen Ladakhs gewichen. Das Grün, vorher im Überfluß vorhanden, wird jetzt zur Seltenheit, wird zum Blickfang zwischen dem Grau, Gelb, Ocker, Beige und Braun der Hochgebirgswüste. Das Grün wird zum leuchtenden Signal für Wasser, Leben und Menschen. In Ladakh dominieren nicht die Berge wie anderswo im Himalaya, sondern der große Himmel, der zuerst die Klöster mit ihren Gottheiten und dann die Erde mit den Häusern und ihren Menschen berührt. Diese Menschen sind stark geprägt von der Lehre Buddhas, einer auf Liebe, Toleranz und Gleichmut gegründeten Religion. Sie durchdringt ihr hartes Leben von der Geburt bis zum Tod. Der tiefe Glaube und ihr aktives Leben darin offenbart sich dem Fremden gegenüber in vielen positiven Eigenschaften, die für Ladakhi selbstverständlich, für viele Westler leider verlorengegangen sind. Auffallend und wohltuend für uns Fremde sind ihr offenes und heiteres Wesen, die herzliche Gastfreundschaft, die Toleranz und die Ehrlichkeit. Die Bewohner von heute sind vorwiegend Nachfahren indoarischer und mongolischer Volksgruppen, die sich im Lauf vieler Jahrhunderte vermischt haben. Ihre Sprache, das Ladakhi, gehört zur großen tibeto-birmanischen Sprachfamilie.

Die Reise von Kaschmir nach Ladakh ist eine Unternehmung, in der neben extremen landschaftlichen Gegensätzen auch die Extreme zweier Weltanschauungen – Islam und Buddhismus – deutlich sichtbar werden. Es ist ferner eine Reise in eine alte, lebendig gebliebene Hochkultur, die sich dank ihrer geographischen Abgeschiedenheit, die nicht mit Isolation gleichzusetzen ist, vielleicht auch wegen politisch günstiger Konstellationen, erhalten konnte.

Ladakh wird häufig mit den etwas irreführenden Namen Klein-Tibet oder West-Tibet bezeichnet. Wenn auch der Charakter der Landschaft großen Teilen Tibets sehr ähnlich und der tibetische Einfluß nicht zu übersehen ist, und wenn sich die buddhistische Religion als solche in beiden Ländern im wesentlichen nicht unterscheidet, so ist Ladakh kein Teil von Tibet. Ladakh, was so viel heißt wie Land der hohen Pässe, war immer ein eigenständiges Gebiet mit einer eigenen Tradition. Ein wichtiger Unterschied zum großen Nachbarn bestand unter anderem darin, daß die Machtverhältnisse in Tibet über Jahrhunderte einseitig in den Händen der Kirche lagen, während in Ladakh kirchliche und weltliche Macht geteilt blieben.

Das zentrale Ladakh, auch oberes Ladakh bezeichnet, mit der Hauptstadt Leh liegt im breiten Hochtal des Indus, eingebettet zwischen dem Himalaya im Süden und den stark verwitterten, graubraunen Bergen der Ladakh-Kette im Norden. Getrennt durch diesen Gebirgskamm verläuft noch weiter nördlich, parallel zum Indus, das Tal des Shyok mit seinem Nebenfluß Nubra. Diese Täler am Südrand des Karakorum liegen etwa 400 Meter niedriger und geschützter als die Gegend um Leh. Das mildere Klima ermöglicht den Anbau von verschiedenen Obst- und Gemüsesorten. Oberhalb von Leh führte einer der Karawanenwege, heute eine Militärstraße, über den Khardung La (die Höhenangaben für diesen Paß in der Ladakh-Kette liegen zwischen 5365 und 5636 Metern) hinunter ins Shyok- und ins Nubratal. Von dort zogen die Karawanen weiter über den Saser La, um auf der anderen Seite den Oberlauf des Shyok zu erreichen, an dem der Weg zum 5575 Meter hohen Karakorum-Paß führt, dem letzten der ganz hohen Übergänge auf der langen Reise nach Sinkiang.

Zum oberen Ladakh zählen auch die östlich und südöstlich gelegenen Hochflächen des Changtang-Plateaus und jene von Rupshu, die von tibetischen Nomaden besiedelt werden.

Die politischen Ereignisse in den letzten vier Jahrzehnten – 1947 Gründung Pakistans, 1959 Annektierung Tibets durch China, 1962 Besetzung des nordöstlich von Ladakh gelegenen

Abend am Nagin-See. Er ist mit dem Dal-See verbunden, sein Wasser jedoch tiefer und reiner. Durch seine entferntere Lage zur lauten Stadt Srinagar ist er ein idealer Ort für Ferien auf dem Hausboot.

Aksai Chin durch die Chinesen – verwandelten die blühende Metropole Leh in eine indische Garnisonstadt. Bis Anfang der fünfziger Jahre galt Leh als einer der bedeutendsten Handelsplätze in Zentralasien. Der chinesische Einfall im Norden des Landes veranlaßte die Inder, den alten Karawanenweg zwischen Kaschmir und Leh für Militärfahrzeuge auszubauen. Die Wegstrecke über den Zoji La im westlichen Himalaya nach Ladakh galt seit jeher als die einfachste und sicherste. Jahrhundertelang zogen auf dieser Route die Karawanen ins oberste Industal und weiter nach Turkestan, Tibet und China. Ihr folgten buddhistische Missionare mit der Lehre des Shakyamuni. Künstler und Handwerker aus Kaschmir kamen im 11. Jahrhundert im Auftrag des berühmten Rinchen Zangpo. Auf seine Initiative hin wurde mit dem Bau des Klosters Alchi und weiterer 107 Klöster (108 ist eine heilige Zahl) begonnen. Alchi ist bekannt geworden wegen seiner großartigen Fresken, in denen der kaschmirische Stil besonders prägnant zum Ausdruck kommt. Missionare und Forscher wie der Jesuit Desideri, der Deutsche A. H. Francke, der Schwede Sven Hedin und andere mehr kamen ebenfalls auf diesem Weg.

Heute braucht der Touristenbus zwei Tage auf der 434 Kilometer langen Militärstraße. Damals schaffte man die etwa 50 Kilometer kürzere Strecke in 14 Tagen, wenn die Karawane gut vorwärts kam.

Die wechselvolle Geschichte Ladakhs wurde maßgebend bestimmt von den Königen in Tibet, den Muslimen, die aus Kashgar und Baltistan im 16. Jahrhundert einfielen, den herrschenden Dynastien im Land selbst und zuletzt von den Indern. Wenn von Ladakh und Zanskar die Rede ist, wird zu leicht vergessen, daß ein großer Teil des Lands von Muslimen bewohnt wird, die ungefähr 45 Prozent der Bewohner ausmachen. Das Dorf Mulbekh, am Wakha-Fluß gelegen, bildet die Religionsgrenze zwischen der muslimischen und buddhistischen Bevölkerung. Die kleine Gompa (Kloster) Shergol in einer Felswand, bunte Gebetsfahnen und das acht Meter hohe Relief des Buddha Maitreya (zukünftiger Buddha der Liebe) lassen deutlich erkennen, daß man den westlichen Teil von Ladakh verlassen hat.

Zanskar

Südlich von Ladakh schließt sich das ehemalige kleine Königreich Zanskar an, das ebenfalls zum indischen Staat Jammu und Kaschmir gehört. Im Osten liegt die fast menschenleere Hochfläche von Rupshu und im Westen das Suru-Tal mit der Nun-Kun-Gruppe, den beiden einzigen Gipfeln mit einer Höhe von über 7000 Metern zwischen dem Garhwal Himal und dem westlichen Eckpfeiler des Himalaya, dem Nanga Parbat. Im Süden und Südosten grenzt Zanskar an die Bergketten von Lahoul und Kishtwar.

Das karge Hochland ist unbekannter, einsamer und abgeschiedener als das benachbarte Ladakh. Bis zur Fertigstellung der neuen Straße im Jahr 1978 war die »Hauptstadt« Padam, eine nicht sehr ansehnliche Siedlung von nicht einmal 100 Häusern, nur zu Fuß oder auf dem Pferderücken zu erreichen. Der Bau der 240 Kilometer langen Strecke, von Kargil in südlicher Richtung durch das Suru-Tal und über den 4300 Meter hohen Pensi La führend, war ein wichtiges Ereignis, mit dem die Neuzeit unaufhaltsam ihren Einzug hielt. Über die Straße kommen positive und negative Einflüsse und Neuerungen ins Land. Wie die Menschen, die über Jahrhunderte in einer gefestigten sozialen Ordnung lebten, getragen von Religion und Natur, diesen »Fortschritt« verkraften, bleibt hier eine offene Frage. Es wäre ihnen zu wünschen, daß sie keinen Schaden an ihrer Seele nehmen.

Das Klima ist hart und rauh, doch nicht ganz so trocken wie im oberen Ladakh. Grüne Talböden und Bergflanken mit Grasbewuchs, Blumen und allerlei Heilkräutern sind keine Seltenheit. Die Landwirtschaft – Weizen, Gerste und Erbsen werden angebaut, an geschützten Orten auch Gemüse – ist trotzdem auf künstliche Bewässerung angewiesen. Einige Ortschaften in Zanskar liegen über 4000 Meter hoch. Hier gedeiht nur noch die Gerste. Kartoffeln, die gegen Mitte des 19. Jahrhunderts an manchen Plätzen im Himalaya eingeführt wurden, gewannen erst in den letzten 15 Jahren zögernd an Bedeutung. So ist die Viehwirtschaft von großer Wichtigkeit, nicht nur in bezug auf Milch und Fleischprodukte, sondern auch als Lieferant von Wolle und Fellen. Selbst der Dung von Yak, Kuh und Dzo (Kreuzung zwischen Yak und Rind) findet getrocknet als wertvolles Heizmaterial Verwendung, denn Holz ist in Zanskar – ebenso wie in Ladakh und im Karakorum – selten und daher kostbar. Neben den erwähnten Tieren werden auch Pferde und die genügsamen Ziegen und Schafe gehalten.

Die Zanskari leben vorwiegend autark, doch müssen einige lebenswichtige Dinge getauscht oder gekauft werden. Das geschieht mit den bescheidenen Überschüssen aus der Landwirtschaft auf den Märkten von Kargil und Leh.

Die Entwicklung des Lands und der Klöster, und damit die Kultur und Religion, sind auf das engste mit der Geschichte von Ladakh verbunden. Einige der Gompas zählen zu den schönsten und ältesten im gesamten Himalayaraum.

Karge, trockene und lebensfeindliche Landschaft in Ladakh – der krasse Gegensatz zur üppigen Vegetation in Kaschmir. Es wundert einen, daß die Schafe und Ziegen hier noch Nahrung finden.

Typische alte Häuser am Jhelum, der mit seinen zahlreichen Armen und Kanälen das Bild Srinagars maßgeblich prägt. Auf dem Fluß ankern Hausboote der einheimischen Bevölkerung.

Im Vergleich zu den komfortablen Hausbooten auf dem Dal- und dem Nagin-See, in denen Touristen logieren, sind die der Kaschmiri viel einfacher und bescheidener. Die großen, luxuriösen sind fest verankert, diese hier können leicht ihren Standort verändern.

Handel und Tourismus spielen im Kaschmir-Tal eine zentrale Rolle. Touristen aus aller Welt und die aus Indien sind im Vergleich zu den Einheimischen wohlhabend bis reich. Das haben viele Kaschmiri erkannt. Schlitzohrig und freundlich zugleich handeln sie mit allem – von der frisch gepflückten Lotosblume bis hin zum feinsten Teppich.

Mädchen aus Srinagar, der Hauptstadt von Kaschmir. Das Zuhause der Kleinen ist eines der Holzboote auf dem Jhelum-Fluß. Ist ihr Lachen nicht wohltuend?

Die schönste Frau in diesem Bildband. In den Sommermonaten lebt sie mit der Familie in den Bergen Kaschmirs, im Winter unten im Sind-Tal. Ihre Schaf- und Ziegenherden, einige Kühe und Pferde bedeuten Wohlstand.

Kaschmiri aus Sonamarg (= goldene Wiese), der seine ergrauten Barthaare mit Henna eingefärbt hat. Er ist Pferdetreiber und macht mit indischen Urlaubern Reitausflüge zu einem nahegelegenen Gletscher.

◁ Der 8125 Meter hohe Nanga Parbat von Norden. Neben dem Mount Everest ist er der bekannteste Achttausender und gigantischer Eckpfeiler im Westen des 2400 Kilometer langen Himalayabogens. Als deutscher Schicksalsberg ist er in die Geschichte des Bergsteigens eingegangen, ein fantastischer Berg, den die Einheimischen Diamir nennen – König der Berge.

Über der Hochweide Tap erhebt sich gegen Süden, 4500 Meter hoch, die Rupalwand, eine Wand aus Fels, Eis und Schnee, die höchste der Erde. Dieser Berg, diese Wand und das Land mit seinen Menschen waren 1970 meine erste Begegnung mit dem Himalaya.

Einige Häuser der weitläufigen Siedlung Tarshing (2900 m) auf der Südseite des Nanga Parbat. Das Klima in dieser Höhe ist bei weitem nicht so trocken, wie es die flachen Dächer vermuten lassen. Der isoliert stehende Berg, nur 120 Kilometer nördlich von Srinagar, hat sein eigenes Klima. Während die tiefliegenden Täler beinahe vegetationslos sind, gibt es in Höhen um 3000 Meter ausgedehnte Waldungen. Leider betreiben auch die Bewohner von Tarshing Raubbau an ihrem Wald.

Rund um die Märchenwiese (3300 m), auf der Nordseite des Nanga Parbat, stehen noch herrliche Urwälder. Ein Feuer mit trockenem Holz umgestürzter Bäume ist kein Frevel an der Natur. Doch die Zukunft für diese Wälder steht nicht gut – eine Straße vom Industal zur Märchenwiese ist im Bau.

Mädchen mit typischer Kopfbedeckung aus Pahalgam in Kaschmir (links). Junge aus Tato, dem einzigen Dorf im Rakhiot-Tal auf der Nordseite des Nanga Parbat (rechts).

Kloster Lamayuru (etwa 3600 m) in einer ungewöhnlichen Landschaft, eines der ältesten und bekanntesten Klöster in Ladakh. Schon vor der eigentlichen Gründung im 11. Jahrhundert durch Rinchen Zangpo soll hier der Yogi Naropa meditiert haben.

Geschützt zwischen Konglomeratabbrüchen befinden sich die Wohnungen der Mönche und ihrer Familien. Den Rotmützen ist es erlaubt zu heiraten.

◁ Tschörten (Reliquienschreine) für Verstorbene im Industal unweit des Klosters Tikze. Stupa ist die Bezeichnung in Sanskrit.

Dem Himmel näher als der Erde – das berühmte Gelbmützenkloster Tikze. Die in der Mitte des 15. Jahrhunderts entstandene Klostersiedlung der Gelugpasekte liegt auf einem weit ins Industal geschobenen Felsrücken in einzigartig schöner Lage.

◁ Zwischen den Pässen Namika La und Fatu La liegt die Siedlung Bodh Karbu. Das ist Ladakh: eine grüne Oase an einem klaren Fluß vor braunen, verwitterten Hügeln und grauen Felsbergen. Darüber der klare blaue Himmel mit weißen Wolken.

Das weite Industal vom Dach des Klosters Tikze im oberen Ladakh. Im Süden sieht man die Kette des Himalaya. Felder und Pappelhaine sind künstlich bewässert (siehe auch S. 117).

Ladakhi-Frauen mit seidenen Umhängen und Samthüten im Bazar von Leh. Frauen sind, was die Kleidung betrifft, dort traditionsbewußter als Männer.

Mönche und Novizen im Kloster Hemis als Zuschauer bei den Maskentänzen. Das Fest wird jährlich zu Ehren des Padmasambhava gefeiert.

Gebetsfahnen am Namgyal-Hügel (siehe auch S. 96), unterhalb liegt Leh, die Hauptstadt von Ladakh, links der Polo- und Fußballplatz.

Ein ungewöhnlicher Fußballplatz in 3500 Meter Höhe, gesäumt von einer Reihe großer Tschörten (Reliquienschreine). Oben links befindet sich der Namgyal-Hügel mit der alten Burg und dem Maitreya-Tempel.

Zwei Ladakhi – zuverlässige Männer, die mit ihren Eseln und Dzos unser Gepäck in die Stok-Berge brachten.

Mutter und Kind in den engen Gassen der Altstadt von Leh. Die Frau trägt den typischen, mit Silberfäden verzierten Samthut, den man auch aus Seidenbrokat fertigt. Ihre Halskette ist aus Korallen und Türkisen.

Tief unten liegt das Industal, in der Bildmitte die Oase Leh und die graubraunen Berge der Ladakh-Kette. Am Horizont sind eis- und schneebedeckte Gipfel des Saser Muztagh, dem südöstlichsten Teil des Karakorum, sichtbar.

Lagerplatz in den Bergen der Stok-Gruppe südlich des Industals. Auffallend und eindrucksvoll die Gesteinsstrukturen in unterschiedlichen Farben.

In Geborgenheit und menschlicher Wärme wachsen die Kinder in Ladakh und Zanskar heran.

Der Perak ist für die Frauen in Ladakh und Zanskar mehr als nur eine Kopfbedeckung. Er ist das wertvollste und schönste Schmuckstück der Familie, das immer von der Mutter an die älteste Tochter vererbt wird.

Landschaft in Zanskar mit der Ortschaft Kurgiakh (4100 m). Im Vordergrund Manimauern und Tschörten. Auf den steinigen Feldern wachsen in dieser Höhe noch Gerste und Buchweizen.

Auf dem Weg zum Shingo La: der etwa 5200 Meter hohe Gomborangon, für die Zanskari ein heiliger Berg (links). Gehäufte Steine, Gehörne und Gebetsfahnen an einem Paß sind Zeichen des Danks an die Götter und Mittel der Abwehr gegen böse Geister (rechts).

Hoch über dem Shade-Fluß, kunstvoll wie ein Schwalbennest in die Felsen gebaut, klebt das Kloster Phugtal aus dem 11. Jahrhundert. Seit dem 15. Jahrhundert gehört es den Gelbmützen, dem Orden des Reformators Tsongkhapa.

Das kleine Kloster Mune (3900 m), dem Gelugpa-Orden zugehörig, liegt auf einem Absatz über dem Fluß Lingti, etwa drei Stunden von Padam entfernt.

Die Nun-Kun-Gruppe über dem Suru-Tal. Mit zwei Gipfeln über 7000 Meter und einigen Sechstausendern ist es die höchste Gebirgsgruppe im westlichen Himalaya zwischen dem Garhwal Himal und dem Nanga Parbat.

Aufstieg zum 7085 Meter hohen Kun. Südlich des Shafat-Gletschers der Z1 (6400 m), links die Zelte eines Hochlagers.

Hochlager auf dem Schneeplateau. Hinter der White Needle (6400 m) sieht man den Gipfel des 7147 Meter hohen Nun (= Salz) in Wolken.

In einer Tausendmeterwand bricht der 6250 Meter hohe Table Top zum Shafat-Gletscher ab. Vom Schneeplateau ist der Gipfel leicht zu erreichen.

Garhwal Himal

Einer der schönsten Berge der Welt, der 6543 Meter hohe Shivling, bildet mit seinen Wänden, Graten und Pfeilern aus Granit, Eis und Schnee eine Berggestalt von vollendeter Schönheit und Harmonie. Der heilige Berg ist dem Gott Shiva geweiht.

Das große Indien hat auch einen großen Anteil an der 2400 Kilometer langen Himalayakette. Ganz im Osten das unbekannte und geheimnisvolle Arunachal Pradesh; zwischen Bhutan und Nepal das 1974 von Indien annektierte kleine Königreich Sikkim und weiterhin das ganze Gebiet von der Westgrenze Nepals bis zur pakistanischen Grenze, die im Westen durch Kaschmir, Ladakh und den östlichen Karakorum verläuft.

Der für Inder wichtigste Teil des Himalaya ist der an Nepal angrenzende Garhwal Himal. Es ist das Land der heiligen Berge, Flüsse und Seen, als heiliges Land seit Jahrtausenden verbunden und verwurzelt mit der Religion und Mythologie der Hindus. Hier entspringen die Quellflüsse der Ganga. Indiens höchster Berg, die 7816 Meter hohe Nanda Devi, liegt ganz auf indischem Boden und wird als göttliche Nanda verehrt und gefürchtet. Der Garhwal Himal ist seit Menschengedenken das bevorzugte Gebiet der Eremiten, Sadhus und Swamis, jener heiligen Männer, die sich abseits des Weltentrubels dem Studium der Schriften und der Versenkung hingeben, um dem Göttlichen näherzukommen. Im Angesicht der Natur, der Gletscher und Götterberge verbringen sie meist den Sommer in einfachsten Hütten, in Höhlen oder unter großen Felsblöcken. Es gibt welche unter ihnen, die haben Körper und Geist so weit gebracht, daß es ihnen möglich ist, mit wenig Kleidung und wenig Nahrung einen langen und kalten Winter in 4000 Metern Höhe zu überleben. Viele Sadhus kennzeichnen mit senkrechten oder waagerechten breiten Linien ihre Stirn und bringen damit zum Ausdruck, daß sie Vishnu- oder Shiva-Anhänger sind. Ein waagerechter Balken ist das Zeichen für Shiva. Dessen Wohnstätten sind einzelne Berge – oder auch die gesamte Himalayakette.

Im Garhwal Himal gibt es ein gutes Dutzend Übergänge nach Norden, die seit der Besetzung Tibets durch China offiziell geschlossen sind. Ein kleiner Grenzverkehr zwischen den Einheimischen besteht aber trotzdem bis zum heutigen Tag fort. Seit mehr als 2000 Jahren leiten wichtige Pilger- und Handelspfade über die hohen Pässe nach Tibet. Der kürzeste Weg von Indien nach Norden führt an der nepalischen Grenze durch das Tal der Mahakali und über den etwa 5200 Meter hohen Lipu La zum Manasarovar-See und zum heiligsten aller Berge, dem Götterthron Kailash. Der formschöne Gipfel im Transhimalaya gilt seit Urzeiten als die wichtigste Residenz des Gottes Shiva und seiner Gemahlin Parvati. Der Berg ist das spirituelle Zentrum Asiens – für Hindus, Buddhisten und Bönpos gleichermaßen bedeutend. In ihm wird der mystische Weltenberg Meru gesehen, das Zentrum des Universums. Die Bevölkerung des Garhwal ist, ähnlich wie in anderen Gebieten des Himalaya, je nach Höhenlage des Siedlungsraums aus indoarischen und tibetobirmanischen Volksgruppen zusammengesetzt.

Auf seinem Weg nach Tibet mußte der berühmte Asienforscher Adolph Schlagintweit im Mai 1855 seinen Trägern das Versprechen geben, auf der Paßhöhe ein Tieropfer zu bringen, um ja nicht die Göttin Nanda zu erzürnen. Der große Respekt und die Ehrfurcht der einheimischen Bevölkerung vor der Nanda Devi, dem Trisul (Dreizack Shivas) und den angrenzenden Bergen liegt neben der tiefen Religiosität auch darin begründet, daß dieses Berggebiet zu den am schwersten zugänglichen in der gesamten Himalayakette zählt. Der sechstägige Anmarsch durch die tief eingeschnittene Schlucht der Rishi Ganga ist ein größeres Abenteuer als die Besteigung des 7120 Meter hohen Trisul.

Die Nanda Devi kam in die Schlagzeilen der Weltpresse, als bekannt wurde, daß im Jahr 1965 vom amerikanischen Geheimdienst CIA in ihrem Gipfelbereich ein »Plutonium Generator« für ein Ortungssystem installiert wurde, und der Plutoniumbehälter, wahrscheinlich durch Lawinenabgänge, verlorenging. Die Angst einer radioaktiven Verseuchung der Ganga liegt damit nahe.

Heilige Mutter Ganga nennen liebevoll die Inder den größten Strom des Subkontinents. Einer der Quellflüsse, die Bhagirathi, stürzt beim Pilgerort Gangotri über diese Felsstufe.

Garhwali aus der Ortschaft Reni, am Beginn der Rishi-Ganga-Schlucht (links); Pilger aus Südindien in Gangotri (rechts); alles, was er zum Leben braucht, trägt er auf dem Kopf.

Blick vom Hochlager am Trisul zum steilen Granitgipfel des Changabang (6783 m) und seinem Nachbarberg Kalanka.

Über dem Bhagirathi-Tal zieht ein Unwetter auf. Lichtstimmung und Wolkenspiel sind fantastisch.

Auf dem Nordostgrat zum Gipfel des Bhagirathi II (6512 m). Der Grat hebt sich auf dem rechten Bild (siehe S. 145) mit seiner klaren Linie deutlich vom Himmel ab. Zwei Tage braucht man vom Basislager Nandanban.

Bhagirathi II und III. Der Hauptgipfel liegt verdeckt
durch die Wolken.

◁ Der höchste Berg Indiens, die 7816 Meter hohe Nanda Devi. Die göttliche Nanda ist für die Inder besonders heilig (siehe auch S. 139).

Die junge Bhagirathi mit der gleichnamigen Gebirgsgruppe im Hintergrund. Seit Jahrtausenden kommen Pilger zu den Quellflüssen der heiligen Ganga.

Nepal

Das bekannteste, beliebteste und seit rund 20 Jahren meistbesuchte Land im Himalaya ist das Hindukönigreich Nepal. Kaum ein Fremder, gleichgültig, ob aus dem fernen Osten, fernen Westen, aus Europa oder Australien, ist heimgekehrt, ohne den Wunsch zu verspüren, in dieses Land noch einmal zurückzukehren.

Eine Reise nach Nepal ist mehr als eine Urlaubsreise, es ist eine Reise in einen fremden Kulturkreis. In ein Land, dessen Menschen, trotz großer materieller Armut, harter Arbeit und manchmal unmenschlicher Lebensbedingungen uns beschämen durch ihre Liebenswürdigkeit und Gastfreundschaft.

Es ist eine Reise in die Vergangenheit, in der eine vielfältige Kultur, eine religiöse Kunst und eine Architektur geschaffen wurde, die man als einmalig bezeichnen darf. Eine Reise in eine noch größtenteils von Menschen unberührte Hochgebirgsnatur mit Urwäldern, Almregionen und den höchsten Bergen der Erde. Es ist auch eine Reise zurück zum einfachen Leben, in dem wahre Werte wieder ihren Platz finden, in dem es möglich ist, zu sich selbst zu gelangen. Vorausgesetzt, man ist bereit, für mehrere Wochen nicht nur die Annehmlichkeiten unserer Gesellschaft hinter sich zu lassen, sondern auch Denkgewohnheiten und Klischees abzulegen, um mit offenen Sinnen das fremde Land in sich aufnehmen zu können.

Dieser positiven Seite fehlt natürlich nicht die negative, die klar und deutlich zu erkennen gibt, daß Nepal alles andere als das in Reiseprospekten gepriesene Traumland ist. Die Wurzel vielen Übels ist, wie überall in der Welt, auch hier das rasante Wachstum der Bevölkerung mit all den damit verbundenen Folgen. Das Land Nepal zählte im Jahr 1976 rund 12 Millionen Menschen. Im Jahr 1990 liegt die Zahl der Einwohner zwischen 17,5 und 18 Millionen. Nutzbares Land wird somit für den einzelnen Bewohner immer weniger. Der Raubbau an den Wäldern, angefangen bei den Urwäldern im Tiefland (Terai) – das Mittelland ist bereits größtenteils abgeholzt – bis hin zu den leicht zugänglichen Gebirgswäldern, hält weiterhin an. Noch mehr Erosion, Überschwemmungen und Zerstörung kostbarsten Bodens sind die unabdingbaren Folgen. Eine unfähige und nicht selten korrupte Regierung ist auch in Nepal nicht in der Lage, die Misere in den Griff zu bekommen. Würden nicht unterschiedliche Organisationen aus vielen Teilen der Welt Nepal Hilfe gewähren, sähe vieles noch bedrohlicher und hoffnungsloser aus. Armut, Krankheiten und manchmal sogar Hunger rütteln an der Existenzgrundlage vieler Nepali. Zu den Problemen des Überlebens gesellt sich die Konfrontation mit den Errungenschaften der westlichen Welt. Diese Begegnung bringt vielerorts in wenigen Jahren soziale Gefüge und religiöse Werte und Ordnungen aus dem Gleichgewicht, die über viele Jahrhunderte ihre unbestrittene Gültigkeit hatten.

Die Folgen sind (nicht nur im Kathmandu-Tal) in Form einer ständig wachsenden Kriminalität, in der Verflechtung mit der internationalen Drogenszene, in anwachsender Unzufriedenheit und in zunehmenden Problemen zwischenmenschlicher Beziehungen sichtbar. Das Bemühen meist junger Menschen, sich westlichen Lebensformen anzupassen, erzeugt nicht nur einen Verlust der eigenen Kultur und Identität, sondern auch persönliche Unsicherheit, verbunden mit Minderwertigkeitsgefühlen. Den Menschen in Nepal sei es zu wünschen, einen lebenswerten Kompromiß zwischen Vergangenheit und Zukunft zu finden.

Nepal, das ist der zentrale Teil des Himalaya, das sind rund 142 000 Quadratkilometer Fläche, die von Westen nach Osten 800 Kilometer mißt, und deren Breite zwischen südlicher und nördlicher Grenze zwischen 144 und 244 Kilometern variiert. Die beiden großen Nachbarn sind China (Tibet) im Norden und Indien im Süden und Westen. Das kleine ehemalige Königreich Sikkim im Osten wurde 1974 von Indien annektiert. In Nepal gibt es die größten

In einem Seitenflügel des alten Königpalasts in Kathmandu steht der riesige, vergoldete Kopf des Sveta Bhairava (sveta = weiß), welcher der Bevölkerung zum Indra Yatra, dem schönsten Fest im Tal, gezeigt wird.

Höhenunterschiede unseres Planeten. Sie reichen von 70 Metern Meereshöhe im Terai, einem Teil des Gangestieflands, bis hinauf zum Gipfel des 8848 Meter hohen Mount Everest. Weitere sieben Gipfel der insgesamt 14 Achttausender liegen innerhalb der Grenzen von Nepal. Der Shisha Pangma (Grat über den Weiden) ist bei klarer Sicht von Kathmandu aus zu sehen, befindet sich aber schon jenseits der Grenze in Tibet. Die anderen fünf Berge mit der magischen Zahl liegen weit im Westen, in Pakistan. In dieser enormen vertikalen Gliederung der nepalischen Landschaft sind alle Klimazonen der Erde vertreten, von den tropischen Dschungeln des Terai über die ariden Hochtäler nördlich der Hauptkette bis zu den Gipfelregionen mit ihrem arktischen Klima.

Eng verbunden mit einer vertikalen Gliederung der Landschaft sind in Nepal die Lebensräume der unterschiedlichen Volksgruppen, die in bestimmten Höhenlagen siedeln.

Volksstämme und Rassen in Nepal

In Nepal finden wir eine ethnologische Vielfalt wie sonst in keinem anderen Gebiet des Himalaya. Mehr als 20 verschiedene Stämme gehören nach Sprache und Rasse der indoarischen oder tibetobirmanischen Völkergruppe an. Neben der Staatssprache Nepali, das mit dem Hindi sehr eng verwandt ist, werden zwei Dutzend Sprachen und viele Dialekte gesprochen. Geschrieben wird in der Devanagari-Schrift. Zu den Volksstämmen der tibetobirmanischen Sprachfamilie zählen die unter dem Begriff altnepalische Volksgruppen bekannten Newar, Thamang, Limbu, Rai, Gurung, Mangar und Tharu, um nur die wichtigsten zu nennen; ebenso die in früheren Jahrhunderten aus Tibet eingewanderten Bhote, zu ihnen gehören unter anderen die Thakali am Oberlauf der Kali Gandaki und die Sherpa. Die letzte große Welle von Einwanderern aus dem Norden waren die tibetischen Flüchtlinge in den Jahren 1959/60.

Die größte indoarische Gruppe ist die der Chetri, die weite Teile des nepalischen Mittellands in seiner gesamten West-Ost-Ausdehnung besiedelt. Unter Chetri versteht man die schon vor vielen Jahrhunderten eingewanderten Brahmanen und Kshatriya (Krieger), Mitglieder der beiden obersten indischen Kasten. Ihr Siedlungsraum liegt bevorzugt in den tiefgelegenen Zonen, selten höher als 1600 Meter. Ein großes Problem für Nepal ist neben der schon erwähnten hohen Wachstumsrate von 2,6 Prozent der zusätzliche, seit Jahrzehnten anhaltende Zuzug von indischen Bürgern.

Die wesentlichen Gründe für die sprachliche und völkische Vielfalt auf so engem Raum liegen auch in den geographischen Gegebenheiten des Landes, das durch seine hohen trennenden Bergketten und abgeschiedenen Talschaften sprachliche und kulturelle Entwicklungen ermöglichte, die nur relativ wenig von außen beeinflußt wurden.

Die Sherpa

Der bekannteste und am besten erforschte Volksstamm in Nepal ist das kleine Völkchen der Sherpa (Sherpa = Volk aus dem Osten). Vor gut 400 Jahren begaben sich mehrere Clans aus dem Gebiet Kham im östlichen Tibet auf Wanderschaft. Sie waren bereits seit einigen Generationen unterwegs, als sie den kühnen Entschluß faßten, von der Nordseite des Everest-Massivs über den vergletscherten, 5716 Meter hohen Nangpa La auf seine Südseite zu wechseln, um sich in den menschenleeren, von dichten Bergurwäldern bedeckten Tälern niederzulassen. Die Sherpa haben sich bei den meisten Expeditionen im Himalaya durch Ausdauer, Kraft und ihr gutes Anpassungsvermögen an große Höhen einzigartig bewährt. Besonders hervorzuheben ist ihre Treue und Zuverlässigkeit, die manchmal sogar im Einsatz ihres Lebens gipfelte. Sie leben in den Landschaften Khumbu und Solu in Ostnepal, im Helambu nördlich von Kathmandu, in der Landeshauptstadt selbst und in Darjeeling. Durch viele Expeditionen und Trekkingtouren haben sie, im Gegensatz zu anderen Stämmen, schon frühzeitig Kontakt zur westlichen Welt bekommen, der einzelnen von ihnen berufliche Karrieren ermöglichte, die als phantastisch zu bezeichnen sind.

Die Newar

Nicht so bekannt wie die Sherpa, doch die bedeutendste Volksgruppe in Nepal, sind die Newar, die Urbewohner des Kathmandu-Tals. Diese eher kleinwüchsigen Menschen mit ihren oft schönen Gesichtern haben zwar politisch eine weniger wichtige Rolle gespielt, da die Könige und Herrscher im Tal über viele Jahrhunderte hinweg aus indischen Clans und Dynastien hervorgegangen sind, sie sind aber die Urheber und Träger der einzigartigen Hochkultur, die wir noch heute im Kathmandu-Tal bewundern können. Die Newar sind die Künstler, die Bildhauer, die Maler, die Baumeister, die Holzschnitzer und Bronzegießer. Sie haben die Pagoden, Stupas, die großen und kleinen Figuren aus Stein oder Bronze, die Königspaläste und die Bürgerhäuser mit den holzgeschnitzten Fensterstöcken geschaffen. Durch ihr künstlerisches und handwerkliches Können waren sie weit über ihre Grenzen hinaus bekannt.

Ein kurzer Weg durch die Geschichte Nepals

Der Name Nepal wird zum ersten Mal im 4. Jahrhundert vor Christus in einem frühen indischen Dokument, der Kautilya Arthasastra, erwähnt. Das Buch spricht von Nepal im Zu-

Am Rand der Altstadt von Kathmandu. Ein Schneider bei der Arbeit vor seinem Haus. Er sitzt auf einer Strohmatte an einer alten Nähmaschine, die mit der Hand betrieben wird.

sammenhang mit seinen hochwertigen Wollprodukten, die auf indischen Märkten sehr gefragt waren.

Für das Wort Nepal gibt es verschiedene Erklärungen: Einer Legende nach ist Ne der Name eines Einsiedlers, der das waldbedeckte Tal vor einer Feuersbrunst bewahrt hatte. Das Wort pala bedeutet bewahren, beschützen. In der tibetischen Sprache bedeutet Ne Haus und Pala Wolle, also Nepal gleich das »Haus der Wolle«. In der Newarsprache wurde unter Ne der Zwischenraum und unter Pa das Land verstanden, gemeint ist damit das Land zwischen den Bergen. In alten Schriften wird Nepal als ein heiliger Platz der Götter bezeichnet.

Eine bekannte Legende berichtet, daß vor sehr langer Zeit der große Bodhisattva Manjusri aus China nach Nepal kam. Er gelangte zu einem See mit einer herrlich strahlenden Lotosblüte, in der sich Buddha ihm offenbarte. Nachdem er lange Zeit meditiert hatte, ging er zum südlichen Ufer des Sees, nahm sein Schwert und schlug eine tiefe Bresche in die Berge. Die Wasser liefen aus, und bald kamen die Menschen und besiedelten das fruchtbare Tal.

Das fast kreisrunde, etwa 600 Quadratkilometer große Kathmandu-Tal liegt in einer durchschnittlichen Höhe von 1300 Metern. Die umgebenden, steilen Waldberge mit Höhen bis 2700 Metern sind größtenteils abgeholzt. Das einst gute Klima im Tal, begünstigt durch den Schutz der Berge, hat sich in den letzten Jahren zusehends verschlechtert. Die Luftverschmutzung durch Abgase aus Autoverkehr, Kleinindustrie und den privaten Haushalten nimmt weiterhin zu.

Als Ureinwohner des Kathmandu-Tals gelten die schon erwähnten Newar, die dort auch heute noch die größte Volksgruppe bilden. Ihre Herkunft ist unbekannt. Die Chronisten erwähnen verschiedene Dynastien, die in der Frühzeit das Tal regierten, doch gibt es keine konkreten Beweise ihrer Existenz.

Wenn im folgenden die Rede von Nepal ist, so ist bis Mitte des 18. Jahrhunderts allein das Tal von Kathmandu gemeint. Noch heute sprechen Leute, die außerhalb wohnen, von dem Tal der drei Königsstädte Patan, Kathmandu und Bhaktapur als dem eigentlichen Nepal.

In Nepal ist es selbstverständlich, daß Eltern kleinen Kindern den noch kleineren Nachwuchs in Obhut geben. Es ist erstaunlich, wie diese ihre Aufgabe mit Ruhe, Liebe und Geduld erfüllen.

Die Licchavi

Die älteste Inschrift Nepals finden wir auf der Säule von Changu Narayan, in der Nähe von Bhaktapur. Sie ist datiert auf das Jahr 464 n. Chr. und stammt von dem Herrscher Manadeva aus dem Geschlecht der Licchavi. Mit ihr beginnt die authentische Geschichte des Landes. Diese Dynastie regierte bis ins 9. Jahrhundert, hinterließ wertvolle Dokumente und viele Kunstgegenstände, die für eine hochentwickelte Kultur sprechen. Einige bekannte Skulpturen aus dieser Epoche sind die Vishnudarstellungen in Changu Narayan, der schlafende Vishnu in Bhudanilakantha oder die überlebensgroße Figur des Buddha in Svayambhunath. Im 7. Jahrhundert kamen Reisende aus China nach Nepal. Sie berichteten von Brunnen mit vergoldeten Krokodilen, aus deren Rachen das Wasser in die Luft spritzte, und von mehrstöckigen Palästen mit umlaufenden Dächern in jedem Stockwerk, hergestellt in Holz- und Ziegelbauweise. In ihren Berichten wird der Pagodenstil beschrieben, der sich mit großer Wahrscheinlichkeit – von Nepal ausgehend – über weite Teile Asiens ausbreitete. Leider sind aus jener Zeit, bedingt durch das feuchte Monsunklima in den Sommermonaten, keine Bauten erhalten geblieben.

Neben dem Licchavi-Herrscher Manadeva ist der König Amsuvarma besonders zu erwähnen, der im Jahr 637 seine Tochter Bhrikuti mit dem tibetischen König Srongtsen Gampo verheiratete. Dieser ehelichte vier Jahre später auch die chinesische Tangprinzessin Weng Cheng. Beide Frauen waren eifrige Anhängerinnen des buddhistischen Glaubens. Auf ihren Wunsch hin wurden die ersten Tempel in Lhasa erbaut, womit sie wesentlich zur Verbreitung der Lehre des Erleuchteten in Tibet beitrugen. Die Geschichte Nepals nach den Licchavi und das Ende dieser machtvollen Dynastie ist unklar. Es ist unter anderem die Rede von inneren Unruhen, die große Veränderungen brachten, und von einem neuen Herrschergeschlecht, den Thakuri. Es ist nicht belegt, ob sie am 20. Oktober 879 in Nepal die neue Zeitrechnung einführten, die bis zum heutigen Tag beibehalten wurde. Dieser Neujahrstag wird von den Newar während des fünftägigen Tihar oder Lichterfestes gefeiert.

Die Malla

Das Malla-Geschlecht kam erstmals um 1200 im Tal von Kathmandu zur Machtentfaltung. Seine Herrschaft währte über mehr als fünf Jahrhunderte, bis zum Jahr 1768/69, als es Prithvi Narayan Shah aus Gurkha gelang, die drei Stadtkönige im Kathmandu-Tal zu besiegen. Die ersten 200 Jahre des Malla-Regimes waren überschattet von Intrigen, Mordanschlägen und politischen Unruhen. Das Land erlebte mehrere kriegerische Auseinandersetzungen mit Fürsten aus dem heutigen Westnepal und aus Indien. Der schlimmste Schlag aber war der Einfall der Muslime unter Sultan Shamshuddin Illyas von Bengalen, der mit seinen Kriegern Städte und Heiligtümer in Brand setzte, Figuren und Kultgegenstände zerschlug und ein furchtbares Bild der Verwüstung hinterließ.

Erst gegen Ende des 14. Jahrhunderts gelang es Jaya Stithi Malla wieder, geordnete Verhältnisse in das zerrüttete Land zu bringen. Er schaffte Gesetze und brachte eine Sozialordnung in Gang, die in manchen Bereichen heute noch ihre Gültigkeit besitzt. Er gilt als einer der wichtigsten Regenten in der nepalischen Geschichte. Sein Enkel Jaya Yaksha Malla (1428–1482) regierte ein halbes Jahrhundert. Erfolgreiche Eroberungen über die Grenzen des Tals hinaus vergrößerten und festigten sein Reich. Er war bekannt als kühner Krieger und Eroberer, aber auch als kluger König, der den Künsten, der Literatur und den Wissenschaften zugetan war. Mit ihm endete die frühe Malla-Periode.

Unter seinen Nachfahren wurde die Macht aufgeteilt, und es entstanden mehrere Stadtkönigreiche, die miteinander und gegeneinander konkurrierten. Die wichtigsten waren Kathmandu, Patan und Bhaktapur. Obwohl es im Lauf der folgenden Jahrhunderte ständig zu machtpolitischen Kämpfen unter den Herrschern kam, entwickelte sich das Tal in einer Weise, in der Kunst und Kultur sich zur höchsten Blüte entfalten konnten. Die Malla-Könige waren oft gebildete Leute, die es vorzogen, ihre Macht dem Nachbarn gegenüber nicht in Kriegen zu demonstrieren, sondern im Bau von noch höheren Pagoden, noch wertvolleren Heiligtümern und noch größeren und schöneren Palästen. Unter den Königen gab es Dichter, Gelehrte, Künstler und Architekten. Die gesamte Kunst und Kultur stand im engsten Verhältnis mit den beiden Religionen Hinduismus und Buddhismus.

Die Malla waren durchweg Hindu, was sie aber nicht daran hinderte, Heiligtümer für die Gottheiten beider Religionen zu erbauen.

Für den Fremden, der heute das Kathmandu-Tal besucht und nur noch einen Bruchteil dessen vorfindet, was einmal gewesen ist, stellt sich die Frage, woher der Reichtum kam, um all diese Pracht zu entfalten. Das Tal liegt abgeschieden von Innerasien durch die hohe Himalayakette im Norden und von Indien durch die wesentlich niedrigeren Siwalik- und Mahabharatketten im Süden, was aber die Menschen nicht hinderte, die Berge zu überschreiten. Die Gebirge wurden weltweit erst dann zum ganz großen Hindernis, als der Mensch nicht mehr seine Füße, sondern das Auto benutzte. Das Kathmandu-Tal entwickelte sich zu einem überaus wichtigen Handelsplatz zwischen Indien und Tibet, in dem nicht nur Waren umgeschlagen, sondern auch produziert wurden. Hier führte damals wie heute eine der kürzesten und einfachsten Routen vom indischen Subkontinent über Kodari nach Lhasa und China. Eine der Haupteinnahmequellen entstand deshalb durch einen blühenden Handel, der Reichtum brachte und die Städte wachsen ließ.

Die Gurkha (Shah-Dynastie) und Rana

Gurkha (oder Gorkha), eine kleine Stadt 90 Kilometer nordwestlich von Kathmandu, wurde von den Shah regiert. Die Dynastie der Shah hatte sich aus den von Indien geflüchteten Rajputen entwickelt, die sich auf der Flucht vor den Muslimen in den Vorbergen des Himalaya niederließen. Der junge Prinz Prithvi Narayan Shah bestieg 1742 den Thron mit dem Ziel, seine Herrschaft auch über das Tal von Kathmandu auszudehnen. Nach mehreren Feldzügen gelang es ihm nach 26 Jahren endlich, 1768 Kathmandu und Patan zu erobern. Ein Jahr später hielt er Einzug in Bhaktapur. Er und seine Nachfolger setzten die kriegerischen Eroberungen fort und vergrößerten den neugeschaffenen Staat bis auf das beinahe doppelte Gebiet des heutigen Nepal. Die Gurkha kämpften mehrmals gegen Tibet, gelangten im Westen bis nach Kaschmir, im Osten bis an die Grenzen Sikkims, und im Süden kam es zum sogenannten Anglo-Gurkha-Krieg, der 1816 im Frieden von Segauli beendet wurde. Die Engländer waren von der Disziplin und Tapferkeit ihrer Feinde so beeindruckt, daß sie später ganze Gurkha-Regimente in ihre Dienste stellten, die dann im Zweiten Weltkrieg bis nach Deutschland kamen und während des Falklandkriegs im Jahre 1982 mit den Engländern gegen die Argentinier kämpften. Hier muß erwähnt werden, daß die Gurkha im ethnologischen Sinn kein Stamm sind wie die Sherpa oder Newar, sondern nepalische Soldaten, die sich aus den verschiedenen Stämmen des Lands rekrutieren.

Durch die vielen Kriege und inneren Streitigkeiten war das Regime so geschwächt, daß 1846 der junge und ehrgeizige Jang Bahadur aus der Familie der Rana die Gelegenheit nutzte, und die Macht an sich riß. Er und seine Nachfolger regierten 104 Jahre über Nepal, während die rechtmäßigen Könige der Shahdynastie nur ein Schattendasein führten. Die Rana hielten das Land für Fremde streng verschlossen, um alles außerhalb zu lassen, was Kontakte zur Bevölkerung schaffen könnte und damit ein Aufbegehren gegen das Regime. Sie selbst reisten nach Europa, besuchten Schulen in England und erbauten sich im Kathmandu-Tal riesige Paläste in einem Baustil, der mit Nepal nichts mehr gemein hatte. Der sozial eingestellte Rana Chandra Shamsher bewirkte im Jahr 1924 die endgültige Abschaffung der Sklaverei in Nepal. Mit mehreren Millionen Rupees kaufte er die Betroffenen frei und setzte sich damit ein menschliches Denkmal.

Nach dem Zweiten Weltkrieg kam es in Asien zu politischen Verschiebungen, die auch Nepal nicht unberührt ließen. Indien löste sich 1947 von der englischen Krone, und 1950 marschierten die Chinesen in Tibet ein. In Nepal kam es zu Volksaufständen gegen die Rana, die das Volk ein Jahrhundert lang unterdrückt hatten. Dem vorübergehend im indischen Exil lebenden König Tribhuvan gelang es 1951, mit Verbündeten in Indien und Nepal dem Regime der Rana ein Ende zu bereiten. Die Grenzen

In den tiefen Lagen Nepals ist auch der Winter mild, und eine Hütte aus Bambuswänden und einem mit Blättern gedeckten Dach genügt den bescheidenen Ansprüchen. Ein Banyan-Baum (ficus bengalensis).

Beding im Rolwaling Himal liegt in 3700 Meter Höhe unter den Südabstürzen des heiligen Gaurisankar. Vor gut 130 Jahren kamen Sherpa-Familien über den gefährlichen, 5775 Meter hohen Trashi-Labtsa-Paß, um in diesem Hochtal zu siedeln.

nach Nepal wurden wieder geöffnet. Nach dem Tod des Vaters im Jahr 1955 bestieg Kronprinz Mahendra den Thron. Erstmals in der Geschichte des Lands wurden allgemeine Wahlen durchgeführt. Die Minister waren zum Regieren aber leider nicht fähig. Uneinigkeit, Mißgunst, Korruption und fehlendes Interesse an der gemeinsamen Sache zwangen den König, die Regierung aufzulösen. Er schuf eine neue Verfassung und führte das parteienlose Panchayatsystem ein.

Wichtige Ergebnisse seiner Regierung waren die Landreform, ein Erziehungsplan und Verbesserungen im Gesundheitswesen. In der Außenpolitik knüpfte Mahendra außerhalb der Beziehungen zu China und Indien, die besonders schwierig waren, wichtige Verbindungen zur westlichen Welt mit dem Ziel, die Unabhängigkeit seines kleinen Lands zwischen den riesigen Machtblöcken zu erreichen.

1972 bestieg sein Sohn Birendra Bir Bikram Shah Dev den Thron. 1975 wurde er im alten Königspalast in Kathmandu zum König von Nepal gekrönt. Er ist der zehnte Repräsentant der Shah-Dynastie.

Kunst in Nepal

Die nepalische Kunst ist, bis auf Ausnahmen, sakral und hat ihren Ursprung in den beiden großen Religionen Hinduismus und Buddhismus. Die Blütezeit von Kunst und Kultur im Kathmandu-Tal gehört der Vergangenheit an, sie ist längst vom Untergang bedroht. Die Bevölkerung hat nur bedingt eine Beziehung zu den Kunstgegenständen, den Pagoden und Heiligtümern – das tägliche Überleben steht heute im Vordergrund. Der Tourismus, seit Jahren zur Haupteinnahmequelle Nepals geworden, brachte einigen Nepali ein neues Bewußtsein zur eigenen Kultur und das Wissen, daß die Fremden nach Nepal kommen, um den Everest und das einzigartige »Freilichtmuseum« Kathmandu-Tal zu erleben. In den vergangenen zwei Jahrzehnten konnte, dank internationaler Hilfe, Wichtiges erhalten, restauriert und gerettet werden. Ein markantes Beispiel ausländischer Hilfe ist das Bhaktapurprojekt, das in deutsch-nepalischer Gemeinschaftsarbeit durchgeführt wurde. Dies war möglich, weil noch heute Leute im Tal leben, die Kunsthandwerke beherrschen. So wurden alte Traditionen wieder neu belebt.

Verbunden mit der Ausbreitung der beiden großen Religionen vom indischen Subkontinent, erfolgte auch ein starker Einfluß der indischen Kunst auf die der anderen Völker. Trotzdem hat sich in Nepal im Lauf der Jahrhunderte ein eigenständiger, typisch nepalischer Stil entwickelt. Welch hohen Stand das Kunstschaffen der Newar erlangte, geht auch aus der Tatsache hervor, daß in der zweiten Hälfte des 13. Jahrhunderts der berühmte Künstler, Bronzegießer und Architekt Arniko aus Patan nach China eingeladen wurde, um für den Kaiser Khubilai Khan zu arbeiten. Arniko war mehrere Jahrzehnte in Peking und Lhasa tätig. Immer mehr Baumeister, Handwerker, Maler, Gold- und Kupferschmiede wurden nach Tibet berufen. In Lhasa entwickelte sich eine regelrechte Newar-Kolonie. Der Handel mit in Nepal hergestellten sakralen Kunstgegenständen nach Tibet und China blühte. Die Beziehungen zum Nachbarn gingen so weit, daß Nepal im 17. Jahrhundert mit der Prägung von Münzen für Lhasa beauftragt wurde.

Vieles, was wir heute in Publikationen, Ausstellungen und Museen als tibetische Kunst bewundern, wurde von newarischen Künstlern und Handwerkern geschaffen oder von ihnen stark mitgeprägt.

Der Stupa von Bodhnath im Kathmandu-Tal zählt zu den größten in Asien. Nepalische Legenden geben ihm ein Alter von 2000 Jahren. Unter der unzugänglichen Kuppel (Garva) befindet sich eine Reliquie des Buddha Kashyapa. Bodhnath ist ein berühmtes Pilgerzentrum für Tibeter aller Himalayaländer.

Hanuman Dhoka heißt der gesamte Komplex um den alten Königspalast in Kathmandu. Der Name leitet sich ab vom Affengott Hanuman, dessen Standbild neben dem Tor (Dhoka) zum Palast steht. Links hinten die höchste Pagode der Stadt, der auf 12 Plattformen ruhende Taleju-Tempel mit der Familiengottheit der Könige, in der Mitte die Degutale-Pagode.

Es ist ein malerisches Bild, wenn ▷ nach der Ernte der Reis auf Straßen, Höfen oder auf Tempelplätzen zwischen Figuren und Heiligtümern zum Trocknen ausgebreitet wird. Im Bild der Platz am Shrigha Stupa.

Schlafender Vishnu auf einem Schlangenbett in einem künstlichen Teich in Budhanilakantha. Die riesige Skulptur stammt wahrscheinlich aus dem 7. Jahrhundert und gilt als eine der schönsten Arbeiten aus der Epoche der Licchavi.

Kala Bhairava, eine schreckliche Form des Gottes Shiva, vor dem alten Palast am Hanuman Dhoka. Die Figur wurde bei Bauarbeiten im 17. Jahrhundert gefunden und an der heutigen Stelle aufgebaut (links). Eine der meistverehrten Gottheiten im Kathmandu-Tal ist der Elefantengott Ganesh oder Ganesha, der Sohn von Shiva und Parvati.

In den engen und niedrigen Wohnungen gibt es wenig Licht, Luft und Sonne, weshalb der bessere und wärmere Platz für Körperpflege draußen ist (links). Nach der Toilette geht's mit Freundinnen zum Einkaufsbummel.

In der Altstadt von Kathmandu: Stoffladen, Souvenirs für Touristen (oben). Der Tempel Akash Bhairav ist mit Kacheln, Drachen und mystischen Wesen geschmückt (unten rechts), und ein ausgedientes Auto findet immer noch Einsatzmöglichkeiten.

Links im Vordergrund der 5545 Meter hohe Kala Pattar, ein unscheinbarer Hügel vor dem Pumori, aber ein grandioser Aussichtsberg. Unter den Wolkenbänken der Khumbu-Gletscher. In der Bildmitte der Tramserku mit seinem Nachbarberg, dem 6779 Meter hohen Kang Taiga (Eissattel), rechts der Taboche.

Die höchste Erhebung unserer Erde, die dunkle, 8848 Meter hohe Felspyramide mit den Namen Mount Everest, Chomolongma oder Sagarmatha. In der Bildmitte, neben der markanten Schulter des Nuptse, der 8501 Meter hohe Lhotse.

Steine, nichts als Steine – die Sherpa-Siedlung Dingpoche in 4400 Metern Höhe. Über Generationen wurden Steine von den Äckern gesammelt, um diese damit zu umfrieden. Hier werden Gerste und Kartoffeln angebaut.

Sherpani aus Khumjung. Die Sherpa sind ein heiteres und liebenswertes Völkchen. Seit Jahren ist der Tourismus für sie eine wichtige Erwerbsquelle.

Diese Aufnahme hat bereits historischen Wert, denn das Kloster Tengpoche, religiöses Zentrum der Sherpa, brannte im Januar 1989 bis auf die Grundmauern nieder. Aus den Wolken links ragt die Spitze des heiligen Khumbui Yul Lha.

In einem Sherpa-Haus. Der große Wohnraum mit dem Feuerplatz liegt im ersten Stock über den Stallungen und Vorratsräumen. In den eingebauten Wandschränken stehen Hausrat und Kupfergeschirr.

Auf einem namenlosen Gipfel (6250 m) über dem Barun-Gletscher, westlich des Makalu. Oben im Bild der lange Gipfelgrat des 7317 Meter hohen Chamlang.

Die Südwand des Lhotse (8501 m, links oben); Cho Oyu (8153 m, rechts oben) von Süden; namenlose Gipfel im Khumbu (links unten); Pumori (7165 m, rechts unten).

Alter Mönch mit Gebetszylinder (Mani-tschökhor) in Sama (3500 m), am Fuß des Manaslu im nördlichen Nepal (links). Mönch aus Braga (3450 m) auf der Nordseite des Annapurna Himal. Um den Hals trägt er ein Amulettkästchen, das ihm Schutz vor bösen Mächten und Kräften gibt (rechts).

Ein Mann aus der Volksgruppe der Limbu. Breite Backenknochen und mongoloide Augen zeigen, daß die Limbu ebenfalls zu den altnepalischen Stämmen zählen. Ihr Siedlungsraum liegt im östlichen Nepal, im Gebiet des Flusses Arun (links).

Vor Jahrhunderten haben auf der Suche nach besseren Lebensbedingungen Völker aus Tibet die hochgelegenen und leeren Gebiete der Himalayakette besiedelt. Man faßt sie unter dem Begriff Bhote oder auch Bhotia zusammen. Die Leute aus Braga gehören dazu (rechts).

Kinder aus der 2000 Meter hoch gelegenen Ortschaft Ghandrung (siehe auch Titelbild und S. 177 links). Mit dicken, mantelähnlichen Wolldecken schützen sie sich vor der Winterkälte.

Das Mädchen oben wohnt in Arughat Bazar und gehört zum Stamme der Chetri; die anderen sind Gurung-Kinder. Dieser altnepalesische Stamm siedelt hauptsächlich südlich des Annapurna – und Lamjung Himal.

◁ Kang Taiga – der Eissattel (6779 m) – und der Kusum Kangguru (rechts im Bild) im letzten Abendlicht. Der schuttbedeckte Ngozumpa-Gletscher liegt schon im Schatten der Nacht.

Eiswolken in großer Höhe über dem Tramserku (6608 m). Die zerrissenen Formen lassen auf Höhenstürme schließen.

Auf einer großen Terrasse befindet sich die Siedlung Phortse (3900 m). Es ist Mitte April, die Sherpa tragen in Kiepen den Mist auf die Felder, um sie für die Saat vorzubereiten.

Nirgendwo erlebte ich die Bedeutung und Wichtigkeit von Brücken so intensiv wie im Himalaya. Brücken sind nicht nur die Verbindung von einem zum anderen Ufer – Brücken sind Symbole. Alljährlich werden bei Hochwassern Tausende zerstört, und der Mensch beginnt aufs neue, eine Brücke zu bauen.

Auf der Nordseite des Annapurna Himal, am Oberlauf der Marsyandi, liegen in 3500 Metern Höhe die beiden Ortschaften Manang (verschneit) und Braga. Kompakte Bauweise und flache Dächer sind Kennzeichen für das trockene Klima. Die Bhote-Bevölkerung lebt hauptsächlich vom Handel. Ein Teil der Männer geht auf Geschäftsreisen sogar bis Hongkong und Singapur.

Da gibt's was zu sehen in Braga! Frau mit Kind auf dem Dach ihres Hauses, das auch als Aufenthaltsort genutzt wird.

Das Ziel ist erreicht: eine warme Decke, ein Dach über dem Kopf, eine Schale Reis oder Tsampa – auch das ist Reichtum.

RATNALAMA

Traditionelle Ovalhäuser einer Gurung-Siedlung in der Gegend von Pokhara.

Zu den Aufgaben der Gurung-Frau gehört das Spinnen von Schafswolle.

Schön gefaßte Wasserstelle mit steinernem Wasserspeier, darüber eine Tafel mit drei Bodhisattvas. Das Mädchen gehört zum Volksstamm der Sunwar in Ostnepal.

Bei der Ortschaft Kardunche ▷ zwischen den Flüssen Trisuli und Buri Gandaki pressen Chetri-Frauen Öl aus den Früchten des Raps. Das Bedienen der archaischen Presse ist Schwerstarbeit.

Die schön geformte Ama Dablam (Mutter Schatzkästchen), 6828 Meter hoch, ist einer der beherrschenden Berge im Sherpaland.

Annapurna IV und II (7937 m, links oben); Südwand der 8091 Meter hohen Annapurna (links unten); Dhaulagiri (8167 m, rechts oben); die Everest-Gruppe über dem Barun-Gletscher (rechts unten).

Junge Thamang-Träger bei der Mittagsrast auf dem Weg in den Langtang Himal. Die kräftig gebauten Thamang zählen zu den altnepalischen Volksgruppen.

Eine Last mit dem Stirnband zu tragen, für Europäer gänzlich ungewohnt, ist nicht nur im Himalaya üblich, sondern auch in manchen Gebieten Afrikas und Südamerikas.

Schmucke, saubere Bauernhäuser inmitten
von Feldern und Gärten. Hier wurden nur
Baumaterialien verwendet, die in der
nahen Umgebung vorhanden sind. Aruntal im
östlichen Nepal.

In manchen Gegenden Nepals wird das Neujahrsfest im Oktober gefeiert. Zu diesem Anlaß wird aufgeräumt, geputzt und geschmückt, die Außenwände der Häuser bekommen einen neuen Anstrich.

Terrassenlandschaft im Helambu. Viele Millionen Terrassen, kleine und große, zwischen 400 und 4400 Metern Meereshöhe, geben Zeugnis vom Fleiß und der Mühsal nepalischer Bauern.

Im Himalaya und Karakorum ist Kinderarbeit »erlaubt«. Es ist ganz selbstverständlich, daß Kinder, je nach Alter und Können, bei den unterschiedlichen Arbeiten im Haus und in der Landwirtschaft mithelfen.

Landschaft bei Dhampus auf der Südseite des Annapurna Himal. Rechts im Bild ein Rastplatz mit schattenspendenden Bäumen. Diese Chauteras sind in Nepal weit verbreitet. In früheren Zeiten dienten sie auch als Gerichtsplätze.

Dieses Ovalhaus in der Gegend von Dhampus ist in idealer Weise dem niederschlagsreichen Klima auf der Annapurna-Südseite angepaßt. Das steile Strohdach isoliert hervorragend gegen Hitze und Kälte. Die überdachte Veranda dient als Aufenthaltsplatz und schützt zusätzlich die Außenmauern vor Nässe.

Der Kindersegen ist groß in Nepal. Die stark anwachsende Bevölkerung ist nicht nur hier, sondern weltweit Problem Nummer eins. Zwischen 1976 und 1990 ist die Zahl der Einwohner in Nepal von 12 auf 18 Millionen angewachsen.

Der Bub aus Jagat im Buri-Gandaki-Tal ist zu unserem Lagerplatz gekommen, um diesen Hahn zu verkaufen. Er möchte sich bei den Fremden ein wenig Geld verdienen.

Sherpa im Mannschaftszelt bei Schlechtwetter während einer Expedition zum Manaslu. Ohne ihre Hilfe hätte das Bergsteigen im Himalaya sicherlich eine ganz andere Richtung genommen.

Hochlager im Nike-Col (5600 m) auf der Nordostseite des Manaslu. Die gefährlichen Eisabbrüche werden rechts – hier nicht mehr sichtbar – umgangen.

Die beiden Bilder des 8156 Meter hohen Manaslu sind bewußt gegenübergestellt, um zu zeigen, wie im Lauf des Tages Farbe, Beleuchtung, Wolken und Stimmung die Szene verändern. Die linke Aufnahme wurde am frühen Morgen und die rechte am Mittag belichtet. Die Standplätze waren unterschiedlich.

Ein Mönch aus Sama am Manaslu bittet die Götter um besseres Wetter. Er rezitiert Mantras und verbrennt Wacholderbüsche auf einem Altar, um einen angenehmen Duft zu erzeugen. Ein frommer Buddhist würde niemals Abfälle verbrennen und damit schlechte Luft bereiten.

Buddha Shakyamuni, der historische Buddha, geschmückt und geehrt mit Khathaks, den Schals, die Glück bringen und vor Unheil bewahren (links). Großer Tortschörten bei Sama mit Manisteinen.

Kleines Mädchen aus Marpha hinter
Mutters Rockzipfel.

Vier Träger haben ihr Nachtlager in einer ausgetrockneten Gumpe hergerichtet.

Jobo Lhaptshan (6440 m) links und der nur wenig niedrigere Taboche sind zwei schöne und schwierige Berge zwischen dem Khumbu- und dem Gokyo-Tal.

Makalu, der fünfthöchste Berg (8481 m) der Erde,
zeigt sich hier unwirklich, wie in einer Vision,
losgelöst zwischen Erde und Himmel.

Tibet

Wandmalerei in den Ruinen des Klosters Rongphu nördlich des Mount Everest. Das von Wind und Wetter beschädigte Bild zeigt den Buddha Amitabha, den Buddha des ewigen Lichts, mit der Almosenschale in den Händen. Das Bild wurde 1981 aufgenommen.

Tibet hat auf einer Länge von 1900 Kilometern Anteil am Himalaya, von der 7755 Meter hohen Namcha Barwa am östlichen Ende der Gebirgskette bis hin zum Saser Muztagh im Karakorum, der natürlichen Grenze des größten Gebirgslands der Erde zum indischen Subkontinent. Über diese große Entfernung hat Tibet wie kein anderes Land Anteil am Himalaya und berührt somit im Süden Indien, Sikkim, Bhutan und Nepal. Der Grenzverlauf ist oft unklar, nicht bekannt oder umstritten. Meist führt er über die Gipfel der Hauptkette, wie zum Beispiel in Nepal über die Grate von Makalu, Lhotse, Everest, Gyachung Kang und Cho Oyu. Einige der hohen Berge liegen ganz auf tibetischem Gebiet, wie die Namcha Barwa, der 8046 Meter hohe Shisha Pangma und die 7728 Meter hohe Gurla Mandhata, um die drei höchsten zu nennen. Die Geschichte des Schneelands, wie Tibet oft bezeichnet wird, ist nicht nur von China, sondern in viel stärkerem Maß von Indien und Nepal mit beeinflußt worden. Seine gesamte kulturelle Entwicklung wurde seit dem 8. Jahrhundert maßgeblich von dem aus Indien sich verbreitenden Buddhismus geprägt.

Geheimnisvolles Land

Es gibt kaum ein Land von diesen Ausmaßen, das über Jahrhunderte hinweg dermaßen vom Geheimnisvollen, von Rätseln und vom Mythos umwittert war wie Tibet. Ein verbotenes Land, das es fertigbrachte, sich über einen so großen Zeitraum zu verschließen, wirkte ungemein anziehend, schaffte Neugierde und Wissensdurst, den Wunsch nach Abenteuer. Da tauchen bekannte Namen auf wie Sven Hedin, die Gebrüder Schlagintweit, Herbert Tichy, Anagarika Govinda, Ernst Schäfer oder Alexandra David-Neel. Allen gemeinsam war der große Wunsch, das verbotene Land kennenzulernen, die Stadt Lhasa zu sehen, in der die Gottkönige residierten. In ihren Reiseberichten erfährt der Leser, daß ihnen kein Mittel zu ungewöhnlich war, keine Mühsal und Strapaze zu groß, kein Wagnis zu gefährlich, um in das fremde Land zu gelangen. Sie verkleideten sich als Mönche oder Händler, zogen allein oder in Karawanen, sie gingen am Tag oder nutzten die Dunkelheit der Nacht. Die meisten wurden als Fremde erkannt und des Lands verwiesen. Nur wenigen ist es gelungen, das ersehnte Ziel zu erreichen. Durch ihre zahlreichen Berichte und Veröffentlichungen entwickelte sich eine reiche Tibet-Literatur, die unterschiedliche Bilder über das räselhafte Land entstehen ließ. Eines der besonders lesenswerten Bücher heißt »Der Weg der weißen Wolken« von Lama Anagarika Govinda, einem Europäer, der selbst die Lama-Würde erhielt, und der es sich zum Lebensinhalt machte, den Buddhismus zu leben und zu erforschen. Mit großem Wissen und eigener Erfahrung macht er in seinem Buch eine Religion verständlich, die den westlichen Menschen oft fasziniert, ihm aber in vielerlei Weise fremd und unerreichbar ist. Auf seiner Pilgerreise durch Tibet, noch vor dem Einmarsch der Chinesen, schildert er mit Einfühlungsvermögen die Landschaft und viele persönliche Erlebnisse und Ereignisse, die Tibet noch geheimnisvoller machen.

Kältewüsten, Urwälder und Salzseen

Knapp fünfmal würde die Bundesrepublik ins heutige Tibet hineinpassen, das 1951 von China eingenommen wurde und das Peking heute als autonome Provinz bezeichnet. Das große Land wird von nur knapp zwei Millionen Einwohnern besiedelt. Sie leben hauptsächlich in den Tälern des Tsangpo und seiner Nebenflüsse, also zwischen der Himalayakette und dem Transhimalaya und in der östlichen Region Kham. Zu der einheimischen Bevölkerung kommen noch schätzungsweise 300 000 Chinesen hinzu, von denen die meisten dem Militär und der Verwaltung angehören.

Ein Großteil des Lands ist unbesiedelt. Kälte-

wüsten und Steppen, so hoch wie die höchsten Gipfel der Westalpen und höher, machen diese Gebiete unbewohnbar. Es ist das Land der Nomaden, die noch heute mit ihren Schafen, Ziegen und Yaks auf der Suche nach Weidegründen umherziehen. Ihr Lebensrhythmus hat sich seit 1000 und mehr Jahren kaum verändert. Neben dem eigentlichen Hochland, das nicht selten den Eindruck erweckt, in seinen gigantischen Schuttmassen zu ertrinken, gibt es im Südosten waldbedeckte Landschaften mit tief eingeschnittenen Tälern und gewaltigen Schluchten, von denen einige mit großer Wahrscheinlichkeit von noch keines Menschen Fuß betreten worden sind. In diesen Waldgebieten – sie machen etwa fünf Prozent der Gesamtfläche Tibets aus – wachsen je nach Höhenlage Tannen, Kiefern, Eichen, Rhododendron und Wacholder und in den tiefen Regionen immergrüne Laubwälder. Die Bambuswälder in Höhen um 3000 Meter sind die Heimat des Großen Pandabären. Der östliche Himalaya ist niedriger als der zentrale Teil, und die Kraft des Monsuns ist dort so stark, daß er genügend Regen über die Gebirgskette bringt, bis hinein in den tibetischen Raum. Lhasa erhält davon noch so viel, daß der Jahresdurchschnitt gute 400 Millimeter beträgt. Tibet ist also nicht nur das Land der trockenen, weiten Hochflächen mit einem unwirtlichen und rauhen Klima, es ist auch ein Land mit Reisfeldern, Bananenstauden und Bergwäldern, die bis in Höhen von 4600 Metern hinaufwachsen.

Lhasa ist, nach La Paz in Bolivien, die zweithöchst gelegene Hauptstadt der Erde. Trotz der enormen Höhe von 3700 Metern liegt die Temperatur im Jahresmittel bei 9,8 Grad Celsius. Dagegen liegt das Mittel von München bei nur 7,5 Grad.

Im Süden erscheint die Himalayakette, die Grenze zwischen Tibet und Nepal. In der Bildmitte ragt der Mount Everest in eine Wolkenbank. Ganz links der Makalu, rechts der lange Grat, der vom Gyachung Kang (7922 m) zum Cho Oyu am rechten Bildrand führt.

Salz aus Tibet

Auffallend bei der Betrachtung der Landkarte Tibets sind die vielen Seen, besonders jene auf dem Changtang-Plateau. Sie sind größtenteils abflußlos und salzhaltig. Wenn ihr Wasserspiegel bei Trockenheit zurückgegangen ist, verwandeln sich weite Flächen in Salzsümpfe. Dieses Salz war für die Tibeter über Jahrhunderte das wichtigste Handelsgut. Sie transportierten die kostbare Ware mit Yakkarawanen über die hohen Himalayapässe in die angrenzenden Gebirgsländer, in denen die Lasten auf die Rücken von Mulis, Pferden, Ziegen oder auf die von Menschen umgeladen wurden. Der Yak verträgt das Klima unter 2500 Metern nicht.

Von den Umschlagplätzen zogen andere Karawanen weiter bis hinunter zu den Märkten des indischen Tieflands. Der enorm wichtige Handel mit Indien kam fast gänzlich zum Erliegen durch die vermehrte Gewinnung von Salz an den Küsten des Indischen Ozeans und die Schließung der Grenzen im Himalaya nach der chinesischen Invasion. Ein kleiner Grenzverkehr und der Handel mit den Tälern im Süden der Pässe hat immer bestanden, auch heute noch.

Streifzug durch Tibets Geschichte

Die Geschichte Tibets vor den Königen der Yarlung-Dynastie liegt im dunkeln, sie lebt aber in Sagen und Legenden fort. Zu Beginn unserer Zeitrechnung, wahrscheinlich auch schon früher, gab es neben den Nomaden seßhafte Bauern, die im Tal des Tsangpo Landwirtschaft mit künstlicher Bewässerung betrieben. Es wird angenommen, daß bereits vor 3000 Jahren Nomadenstämme mit ihren Herden über das tibetische Hochland zogen.

Die geschriebene Geschichte beginnt mit dem bedeutenden König Srongtsen Gampo, dem Gründer eines tibetischen Reichs, das eine Vormachtstellung im zentralasiatischen Raum besaß. Macht und Stärke dieses Herrschers finden in der Tatsache Ausdruck, daß der König von Nepal ihm seine Tochter Bhrikuti zur Frau gab und wenige Jahre später der Kaiser von China mit seiner Tochter Weng Cheng das gleiche tat. Beide Prinzessinnen waren gläubige Anhängerinnen der buddhistischen Lehre. Srongtsen Gampo ließ für beide Frauen Tempel bauen, in denen ihre mitgebrachten wertvollen Buddhafiguren einen neuen Platz der Verehrung fanden. Eines der beiden Bauwerke ist der berühmte Jokhang, er wurde zum heiligsten Tempel von Lhasa, das bedeutendste Heiligtum von ganz Tibet.

Seit die chinesische Regierung im Jahr 1980 den Tibetern etwas mehr Religionsfreiheit zugestand, kommen wieder Menschen aus allen Teilen des Lands nach Lhasa. So setzten die beiden gebildeten Frauen aus Nepal und China das Rad der Lehre in Tibet in Bewegung. Wie kaum in einem anderen Land hat hier über 1000 Jahre hinweg die Religion das Leben und die Geschichte so tiefgreifend und nachhaltig beeinflußt. Bhrikuti aus Nepal wird als Grüne Tara und Weng Cheng aus China als Weiße Tara verehrt (Tara = Retterin).

Ein historisches Ereignis während der Regentschaft des Königs Srongtsen Gampo war die Einführung einer eigenen tibetischen Schrift.

Unter dem König Tisong Detsen wurde gegen den Widerstand der Bönpo (die Vertreter der Bön-Religion) der Buddhismus als Staatsreligion eingeführt. Die steinerne Säule am Kloster Samye – sie wurde nicht zerstört – ist Zeugnis dieser Verordnung. Zur Stärkung und Verbreitung der neuen Lehre ließ Tisong Detsen den indischen Gelehrten Santarakshita und wenige Jahre später den Magier, Yogi und Tantriker Padmasambhava nach Tibet kommen. Sie gründeten im Jahr 787 Samye, das erste Kloster im Schneeland. Dem klugen und weisen Padmasambhava, auch Guru Rinpotsche (erhabener Lehrer) genannt, gelang es, sich gegen den Bön-Glauben durchzusetzen. Er bekämpfte diesen nicht, auch nicht seine Götter, sondern er nahm diese in das buddhistische Pantheon auf, indem er sie zu Beschützern der Lehre machte. Padmasambhava gilt als der Begründer des tibetischen Buddhismus.

Der letzte große König in der Yarlung-Dynastie, Ralpatschen (805–836), wurde von einer Gruppe Bönpo ermordet. Sein Bruder Langdarma, einer der Verschwörer, wurde zum neuen König ernannt. In grausamster Art verfolgte er die Buddhisten, zerstörte ihre heiligen Stätten und schreckte selbst vor Mord und Totschlag nicht zurück. Im Jahr 842, während eines Fests zu Ehren des Königs, erschien ein als Bönmagier verkleideter buddhistischer Mönch. Er kam mit Pfeil und Bogen auf einem schwarzen Pferd geritten und erschoß den verhaßten Monarchen.

In der Folgezeit zerfiel das tibetische Reich in eine Anzahl von Fürstentümern, die uneins waren und sich bekriegten. Lhasa war nicht mehr die Hauptstadt, und die Lehre des Erleuchteten ging in Zentraltibet so gut wie unter. Die Nachfahren der Yarlung-Könige gingen in den Westen Tibets, gründeten die Königreiche Guge und Purang und eroberten Maryul (Ladakh). Unter ihrer Herrschaft erlebte der Buddhismus im 11. und 12. Jahrhundert eine Blütezeit, die sich in der Folge auf den gesamten tibetischen Raum auswirkte. Es ist die Zeit der weisen Lehrer, Klostergründungen, der Übersetzungen indischer Texte ins Tibetische und der Sektengründungen. Eine der interessantesten Persönlichkeiten aus dieser Epoche der religiösen Erneuerungen war Milarepa, verehrt als Yogi, Dichter, Mystiker und Heiliger. Seine »Hunderttausend Gesänge« gelten als ein Stück Weltliteratur.

Dschingis-Khan und die schnellen Reiterheere der Mongolen gelangten Anfang des 13. Jahrhunderts in Asien zu einer ungeheuren Macht. Sie beherrschten den asiatischen Raum vom Chinesischen Meer bis zum Ural und vom Baikalsee bis zum Himalaya. Selbst Europa war ihnen nicht zu fern, um auch dort ihre kriegerische Überlegenheit zu demonstrieren. Sie eroberten China, und Tibet ergab sich freiwillig. Durch geschickte Verhandlungen mit den Mongolen gelang es Sakya Pandit, dem klugen Großabt des Klosters Sakya, das Unheil eines Kriegs zu verhindern. Der Sakya- oder auch Sakyapa-Orden etablierte sich am Anfang des 11. Jahrhunderts in Südtibet.

Die Beziehungen zwischen den fremden Herrschern und den Äbten dieses Klosters entwickelten sich so intensiv, daß die Mongolen die buddhistische Religion annahmen. Khubilai Khan (1215–1294) wurde Kaiser von China und Begründer der Yuan-Dynastie. An seinen Hof kam im Jahr 1274 der junge Venezianer Marco Polo, und es ist nicht ausgeschlossen, daß er zu dieser Zeit dem Künstler und Architekten Arniko aus Nepal begegnete, der etwa 20 Jahre in Diensten des Herrschers stand.

Khubilai Khan erklärte den Buddhismus zur Staatsreligion und übertrug den Äbten des Sakya-Ordens die Herrschaft über Tibet. Damit wurde der eigentliche Grundstein für die theokratische Staatsform gelegt, die, beim »Großen Fünften« Dalai Lama beginnend, bis in die fünfziger Jahre andauerte.

Im 14. Jahrhundert entstand unter dem Reformator Tsongkhapa (1357–1419) der letzte bedeutende Orden, die Sekte der Gelugpa (die Tugendhaften) oder auch Gelbmützen genannt. Der Orden ist bekannt durch das Zölibat, Disziplin im mönchischen Leben und durch strenge Ordensregeln. Unter Tsongkhapa entstanden in der Gegend von Lhasa die drei riesigen Klosterstädte Ganden, Sera und Drepung. Aus der gelben Sekte gingen die Dalai Lamas hervor, deren letzter Gottkönig 1959 mit Tausenden von Tibetern nach Indien und in die benachbarten Himalayaländer flüchten mußte. Dieser 14., in aller Welt beliebte und verehrte Dalai Lama, lebt heute in Dharamsala, am Rand des indischen Himalaya. Er bezeichnet sich, ebenso wie seine Vorgänger, als eine Inkarnation des Avalokiteshvara oder Tschenresi, wie die Tibeter ihren Schutzpatron nennen, den Bodhisattva des unendlichen Mitleids.

Zunge eines namenlosen Gletschers in etwa 6000 Metern Höhe auf der Nordseite des Mount Everest. Ungewöhnlich – das Eis ist ohne Schuttbedeckung. In der Bildmitte der Gyachung Kang, rechts davon der Cho Oyu (siehe auch S. 214).

Die Ruinen des Dzongs (Klosterburg) von Shekar, das ursprünglich vom Sakya-Orden gegründet wurde. Während der Kulturrevolution zerstörten chinesische Banden beinahe alle Klöster und Heiligtümer in Tibet.

Tibeter aus dem Ort Shekar. Dicke Fellbekleidung schützt gegen das unwirtliche Klima im Hochland (links). Die Gesichtszüge des Mannes mit dem Amulettkästchen erinnern stark an jene der Indianer in Südamerika.

Yakkarawane in der Hochgebirgswüste Tibets. Auch heute, im Zeitalter der Motorisierung, hat der Yak von seiner großen Bedeutung für die Tibeter nichts verloren.

Das Rongphu-Tal nördlich des Mount Everest und
die Weite des tibetischen Hochlands von einem
namenlosen Gipfel aus 6296 Meter Höhe gesehen.

◁ Die Klosterstadt Drepung, von Tashi Pelden, einem Schüler Tsongkhapas, im Jahr 1416 gegründet, blieb von der Zerstörung in den sechziger Jahren weitgehend verschont. Im größten Kloster Tibets lebten einmal mehr als 7000 Mönche.

Es flattern wieder Gebetsfahnen im Wind, und die wenigen unzerstörten Heiligtümer dürfen besucht werden. Ein bißchen Freiheit hat die chinesische Obrigkeit in den Jahren 1980/1981 verordnet, die leider nicht zu dem wurde, was die Menschen sich erhofften.

Großmutter und Enkelin wohnen in einem kleinen Dorf am Yamdrok-See. In der Großfamilie wird die Erziehung der Kinder auch von der älteren Generation mit übernommen.

Kinder in Gyantse, der ehemals drittgrößten Stadt Tibets. Gyantse wurde berühmt durch den Kumbum, jenen ungewöhnlichen Tschörten, dessen Inneres zugänglich ist.

Eines der bekanntesten Klöster in Tibet, das gut erhaltene Tashi Lhünpo in Shigatse. Hier war der Sitz der Panchen Lamas. Im Bild der Eingang zum Grab des 4. Panchen Lama.

Besucher im Kloster Tashi Lhünpo. Im Frühjahr 1981 kamen Tibeter aus allen Teilen des Landes, manche waren wochenlang unterwegs, um die endlich wieder geöffneten Stätten ihrer Religion zu besuchen.

Sikkim und Darjeeling

Der Tee und der Blick auf den Himalaya haben Darjeeling berühmt gemacht. Der Gipfel des Kangchendzönga (8598 m) ragt in eine Wolke. Rechts der Pandim (siehe auch S. 237) und links der breite, 7317 Meter hohe Kabru. Ganz links, schon zu Nepal gehörend, der Jannu (7710 m).

Sikkim ist so klein, daß sich das ganze Land von einem günstigen Standpunkt aus überblicken läßt. Die rund 7300 Quadratkilometer »Fläche« ergeben sich aus einer Länge von 100 und einer Breite von 75 Kilometern. Eingekeilt zwischen den riesigen Machtblöcken China im Norden und Indien im Süden, zwischen Nepal im Westen und Bhutan im Osten, fällt es in der 2400 Kilometer langen Himalayakette nicht sonderlich ins Auge. Und doch ist es ein Stück Himalaya, in dem sich das Gebirge in seinen größten Gegensätzen offenbart. Das kleine ehemalige Königreich wird beherrscht vom mächtigsten aller Berge, dem 8598 Meter hohen Kangchendzönga. Der dritthöchste Berg der Erde ist zwar niedriger als der Mount Everest und 13 Meter fehlen ihm zur Höhe des Chogori (K2) im Karakorum, doch seine Masse und die Länge seiner Kämme übertreffen jede andere Berggestalt.

Von West nach Ost erstrecken sich die Grate 12 Kilometer lang, von denen die Hälfte über der 8000-Meter-Grenze liegt. Der fünfgipfelige Kangchendzönga ist selbstverständlich ein heiliger Berg. Der tibetische Name heißt »Die fünf großen Schatzkammern des Schnees«. Nach mythologischen Vorstellungen werden Salz, Gold und Edelsteine, heilige Bücher und Schriften, Waffen, Getreide und Heilpflanzen in ihnen aufbewahrt. Die Erstbesteiger des Bergs mußten versprechen, einige Meter unter dem Gipfel umzukehren, um den Götterthron nicht zu entweihen. Die Lepcha, die Ureinwohner Sikkims, sehen im Kangchendzönga nicht die Wohnstätte der Götter, sondern ihren höchsten Gott selbst.

Das Landschaftsbild Sikkims wird im südlichen und mittleren Teil durch extrem steile, V-förmige Täler mit großen Höhenunterschieden geprägt. An jener Stelle, an der die Rangit in die Tista mündet, liegt das Tal 230 Meter hoch, und der Kangchendzönga ist nur 75 Kilometer entfernt. Dies ist weltweit der größte Höhenunterschied auf einer so kurzen Distanz.

Bergurwälder bedecken von der feuchtheißen Zone bis in Höhen von 4300 Metern noch große Teile des Lands und beherbergen eine ungewöhnliche Pflanzenvielfalt, die der bekannte Naturforscher Joseph Hooker in der Mitte des 19. Jahrhunderts erforschte und beschrieb.

Sikkim ist berühmt für seine Orchideen – gut 600 Arten soll es davon geben. Ebenso vielfältig ist die Tierwelt zwischen tropischem Urwald im Süden und dem Hochland im Norden. Da gibt es beispielsweise Bären, Leoparden, Affen, Antilopen, Blauschafe, Yaks und zusätzlich an die 580 Vogelarten.

Die Bewohner Sikkims

Die Bevölkerung des Lands hat sich seit 1961 auf mehr als 300 000 Bewohner verdoppelt. Den Hauptanteil stellen mit 60 bis 70 Prozent die seit Anfang des 19. Jahrhunderts einwandernden Nepali.

Die zweite Volksgruppe stellen die vor Jahrhunderten aus Tibet gekommenen Bhote (Bhotia) dar. Die Urbevölkerung des Lands, die Lepcha – sie gehören zur tibeto-birmanischen Sprachfamilie –, bilden heute nur noch eine Minderheit von fünf Prozent.

Über sie schrieb der Brite Francis Younghusband etwa um die Jahrhundertwende: »In Sikkim lebt ein Volksstamm, der im wesentlichen ein Waldvolk ist und sich in vollster Harmonie mit dem Walde befindet. Es handelt sich um die Lepcha, einen angenehmen, gelehrigen, freundlichen Stamm mit wundervollen Kenntnissen in der Waldkunde, begabt mit so scharfen Augen und Sinnen wie die Tiere und fast ebenso beweglich und tätig. Sie wohnen in Bambushütten und tragen heutzutage Bekleidung.«

Zwei Drittel der Einwohner gehören dem hinduistischen und ein knappes Drittel dem buddhistischen Glauben an. Der geringe Rest sind Christen und Muslime.

Am Eingang fast aller buddhistischen Klöster, wie hier in Pemayangtse, finden wir die vier Weltenhüter (Lokapalas). Kubera, auch Vaishravana genannt, ist der Wächter des Nordens und der Gott des Reichtums. Er ist leicht an seiner Farbe Gelb, am Siegesbanner in der rechten und an dem Edelsteine speienden Mungo in der linken Hand zu erkennen.

Geschichtliche Entwicklung Sikkims

Sikkims Geschichte ist kürzer und weniger wechselhaft als die der anderen Himalayaländer. Von wo und wann die von Younghusband beschriebenen Lepcha in die Täler des Himalaya gekommen sind, ist unklar. Im 13. Jahrhundert, wahrscheinlich auch schon früher, wanderten Tibeter über verschiedene Pässe nach Sikkim ein. Das fruchtbare grüne Land, ein Paradies im Süden, nannten sie Demojong, das Reisland. Im 15. Jahrhundert kam die aus Osttibet stammende Namgyal-Sippe vom Chumbi-Tal über die unvergletscherten, relativ niedrigen Pässe im Osten, den Natu La und Jelep La, beide rund 4300 Meter hoch. Über sie führten wichtige Handelsrouten mit dem kürzesten Zugang von Indien nach Tibet. Die Namgyal-Familie gewann durch Heirat mit den Lepcha zunehmend Einfluß und Macht, die ihren Höhepunkt fand, als 1642 Phuntsog Namgyal zum ersten Chogyal (König) ernannt wurde und den Buddhismus zur Staatsreligion in Sikkim erklärte.

Von da an regierte 332 Jahre lang immer ein Chogyal aus der Namgyal-Dynastie. Er war weltlicher und kirchlicher Herrscher in einer Person. Anfang des 18. Jahrhunderts kam es zu kriegerischen Auseinandersetzungen mit Bhutan, die zur Annexion von Gebieten im Osten Sikkims führten. Zu weiteren Gebietsverlusten kam es Ende des 18. Jahrhunderts bei den Eroberungszügen der Gurkha aus Nepal. Bei diesen Unternehmungen gerieten die Nepali mit der Britisch-Ostindischen Gesellschaft in Konflikt, aus dem die Briten als Sieger hervorgingen. Diese zeigten großes Interesse am kleinen Königreich, das den bekanntlich einfachsten Handelsweg nach Tibet und China besaß. Für die zurückgewonnenen Gebiete und die militärische Unterstützung gegen die Gurkha wurde der Ostindischen Gesellschaft Darjeeling überlassen. Die Briten schickten 1904 eine Militärexpedition unter Younghusband nach Lhasa, die neben Handelsverträgen auch die Grenzen zwischen Sikkim und Tibet festlegte. Das englische Protektorat über das kleine Königreich wurde von Tibet gezwungenermaßen anerkannt. Die innenpolitischen Probleme, Spannungen und gewalttätigen Auseinandersetzungen zwischen der wachsenden nepalischen Bevölkerungsmehrheit und der tibetisch sprechenden und Macht ausübenden Minderheit der Bhote und Lepcha nahmen im 20. Jahrhundert immer mehr zu.

Es kam zu Aufständen, Terror und Blutvergießen, das weder vom König noch vom indischen Militär verhindert werden konnte. Das seit 1950 unter Protektorat stehende Sikkim wurde im Jahr 1974 von der Regierung in Delhi annektiert und zum 22. Bundesstaat erklärt. König Palden Thondup und mit ihm Sikkim kamen 1963 in die Schlagzeilen der Weltpresse, als der damalige Kronprinz die Amerikanerin Hope Cooke in der Hauptstadt Gangtok heiratete. Zwei Jahre später wurde er im Beisein der indischen Ministerpräsidentin Indira Gandhi zum König gekrönt und 1975 von ihrer Regierung zum Rücktritt gezwungen.

Darjeeling

Zwei Dinge haben Darjeeling berühmt gemacht: der Tee und der einzigartige Blick auf die nur 75 Kilometer entfernte Himalayakette mit dem Kangchendzönga im Mittelpunkt. Der alte Name Dorje-ling heißt soviel wie Diamanten-Insel, der Name des dortigen Klosters. Die Engländer machten daraus Darjeeling und ihren sommerlichen Verwaltungssitz in der angenehmen Höhenluft des Himalaya. Sie bauten von 1879 bis 1881 eine tollkühne Bahnstrecke zwischen Siliguri im Tiefland und ihrer Sommerresidenz in 2100 Metern Höhe. Die Loks wurden aus dem schottischen Glasgow geliefert, und sie ziehen noch immer, nach mehr als hundert Jahren, die vollbesetzten Wagen hinauf nach Darjeeling.

157
वापसी
RETURN
7-87
TDH.
GREEN HILLS
N F
798
B

◁ »Grüne Hügel«, das Schild auf der Lokomotive verrät den Namen, heißt dieses Dampfroß, das seit mehr als 100 Jahren die vollbesetzten Wagen von Siliguri hinauf nach Darjeeling zieht. Eine andere Lok heißt »Himalaya-Vogel«; gebaut wurden beide in Glasgow, Schottland.

Die Einheimischen fahren mit der Bahn nach Darjeeling, die Touristen nehmen das Auto, da sie im Urlaub keine Zeit haben. Neben den heruntergekommenen Gebäuden aus der Kolonialzeit gibt es Behausungen aus Wellblech und Brettern.

Fassade eines Mehrfamilienhauses in Darjeeling. Je nach Geschmack oder Möglichkeit gestalten seine Bewohner ihren Lebensraum. Von bodenständiger Architektur ist allerdings keine Spur mehr, Betonbauweise herrscht vor.

Menschen aus Sikkim – zwei Wochen lang waren diese liebenswürdigen Leute unsere ständigen Begleiter in den Tälern des Kangchendzönga.

Obwohl der Jopuno »nur« 6010 Meter mißt, ist seine Gipfelregion von einer mächtigen Eiskappe überlagert.

Mit steilen Wänden erhebt sich über dem Tal des Prek-Chu der doppelgipflige Pandim (6691 m).

Eine von Menschen unberührte Urlandschaft: ziehende Nebel über wilden Wassern, Blockwerk, Koniferen und Rhododendron-Wälder – das ist das geheimnisvolle Reich der Berggeister.

Vom Wind bewegte Gebetsfahnen, vom Wasser oder der menschlichen Hand getriebene Gebetszylinder und Abertausende von Manisteinen erinnern an Buddha, die Götter und die Religion. Sie schaffen eine positive Atmosphäre und sind eine Hilfe zur inneren Einkehr.

Bhutan

Taktsang, das Tigernest, in fantastischer Lage hoch in den Felsen über dem Tal des Paro-Chu. Die Legende erzählt, daß Padmasambhava auf dem Rücken eines Tigers von Tibet in die große Höhle flog, um dort zu meditieren. Taktsang, das bekannteste Kloster in Bhutan, ist heute ein beliebter Wallfahrtsort.

Geheimnisvoll, unbekannt und fremdartig ist Bhutan, ein Land mit zum großen Teil unberührten Urwäldern, die fast 70 Prozent der Gesamtfläche ausmachen, mit den wildesten Flüssen des Himalaya und einer großen Zahl unbestiegener Berge mit Höhen bis zu 7541 Metern. Es ist das Land der Dzongs (Klosterburgen) und Bauernhöfe, die mit ihrer unverkennbaren Architektur zum typischen Bild des Königreichs beitragen. Bhutan ist ein Land ohne Überbevölkerung, wenn auch der wachsende Anteil der Nepali, annähernd ein Drittel der 1,2 Millionen Einwohner, der Regierung in Thimphu Sorgen bereitet. Die Bhutaner sind liebenswürdige und selbstbewußte Menschen. Eingebettet in eine weitgehend unversehrte, von der buddhistischen Religion getragene Kultur und Tradition, verläuft ihr Leben in bewundernswerter Ruhe und Gelassenheit im Einklang mit dem Rhythmus der Natur. Von allen Himalaya-Ländern war Bhutan vielleicht das abgeschlossenste und am wenigsten zugängliche. Die Obrigkeit des Lands mußte aber im 20. Jahrhundert erkennen, daß sich die Welt ringsum so stark bewegt und mannigfachen Veränderungen unterworfen ist, daß es auf Dauer nicht möglich ist, sich gänzlich zu isolieren. In Bhutan kann man – bis heute wenigstens – jenes seltene Phänomen erleben, daß die Verantwortlichen des Lands aus den Fehlern der Nachbarn und anderer (Beispiel Nepal) gelernt haben und auch in der Lage sind, entsprechend zu handeln. Es ist weiterhin ungewöhnlich, daß der junge König ebenso wie sein Vater das Glück seines Volks nicht wie üblich allein aus materieller, sondern auch aus geistig-religiöser Sicht betrachtet und dementsprechend das Wohlergehen seines Volks nicht nur mit der Größe des Bruttosozialprodukts mißt. So ist Bhutan bemüht, mit Feingefühl seine Schritte behutsam in die Zukunft zu lenken, ohne dabei seine reiche Kultur und die religiöse Tradition zu verletzen oder gar aufzugeben. Ein Beweis für diese konsequente Haltung war im Jahr 1988 die Schließung der meisten Klöster für Fremde nach negativen Erfahrungen mit dem Tourismus.

Das Königreich Bhutan, etwas größer als die Schweiz, liegt im östlichen Himalaya. Im Norden bildet der Himalaya-Hauptkamm die natürliche Grenze gegen Tibet (China), und im Süden grenzt es mit steilen, urwaldbedeckten Gebirgskämmen und Dschungeln an das indische Tiefland. Hier und im Manas-Nationalpark leben Elefanten, Tiger, weiße Nashörner, verschiedene Antilopenarten, Bären, Leoparden und viele andere Tiere mehr, die vor der Ausrottung durch den Menschen bewahrt werden konnten. Das eigentliche Siedlungsgebiet ist das zentrale Bhutan, ein Hochland zwischen 1400 und 3200 Metern Höhe, mit oft weiten Tälern und sanften Höhen. Das Klima ist angenehm, die Wucht des Monsun wird durch die südlichen Gebirgsketten gemildert, und den Bauern ist eine weitgefächerte Nutzung des Bodens möglich. Das wichtigste Nahrungsmittel und der Reichtum der Bhutaner ist der Reis, der in verschiedenen Sorten noch bis in Höhen von 2800 Metern gedeiht. Der Anbau von Weizen, Mais, Buchweizen, Gerste, Kartoffeln, Kardamom, vielen Obst- und Gemüsesorten ist Zeugnis eines fruchtbaren Lands, das von den Leuten jenseits der hohen Berge schon seit Jahrhunderten als der »Lotosgarten der Götter« oder »Paradies des Südens« bezeichnet wird. Der nördliche Teil von Bhutan heißt Lunana. Es ist das Hochgebirge mit seinen Gletschern und unberührten Gipfeln, mit den Almregionen, Hochmooren und den Nadel-, Rhododendron- und Birkenwäldern.

Lunana ist mit etwa 700 Menschen nur dünn bevölkert. Hier liegen die höchsten Dauersiedlungen, zum Beispiel Laya (3800 m) und Thanza (4050 m). Neben Gerste und Kartoffeln bilden Produkte aus der Almwirtschaft die Lebensgrundlage der Menschen in dieser einsamen und abgeschiedenen Landschaft.

Für den Namen Bhutan gibt es verschiedene

Wie ein Schwalbennest klebt die Eremitage unter überhängenden Felsen. Sie ist nur über eine Leiter zu erreichen.

Erklärungen, deren gebräuchlichste »Land der Bhote« oder »Bhotia« heißt. Die Bhutaner selbst nennen ihre Heimat Druk Yul, Land des Donnerdrachens. Das Wort wurde abgeleitet von dem Namen der dominierenden Drukpasekte, einem Zweig des alten Kargyüpaordens, auf dem die Staatskirche Bhutans aufgebaut ist. Erst seit einem guten Jahrzehnt gilt Dzongkha, das Idiom der Klosterburgen, als offizielle Landessprache. Sie ist ein dem Tibetischen ähnlicher Dialekt. Daneben wird von vielen Bhutanern auch Nepali gesprochen und verstanden. In den entlegenen Talschaften und im Osten blieb neben einer Anzahl von Dialekten ein Dutzend Sprachen erhalten, die noch weitgehend unerforscht sind.

Dzongs, die Klosterburgen

Der berühmte König Srongtsen Gampo, der das erste Großreich in Tibet gründete, ließ bereits im 7. Jahrhundert Wehranlagen, sogenannte Dzongs, erbauen, um die Nomadenstämme besser unter Kontrolle zu halten. In Bhutan wurde mit dem Bau solcher Festungen in der zweiten Hälfte des 12. Jahrhunderts begonnen, angeregt durch eingewanderte Tibeter. Im 17. Jahrhundert, unter der Herrschaft des Staatsgründers Shabdung Ngawang Namgyal, entstand über das Land verteilt eine Reihe weiterer Dzongs. Sie wurden immer an strategisch wichtigen Punkten erbaut, an Handelswegen, an denen Täler zusammentreffen, auf schwer einzunehmenden Bergrücken oder an Plätzen in beherrschender Lage. In Zeiten der Kriegsnot konnte hier die gesamte Bevölkerung eines Tals Schutz finden. Die Dzongs entwickelten sich zu Zentren der weltlichen und der religiösen Macht, und damit zu Mittelpunkten des kulturellen Lebens. Hier wurde kleine und große Politik gemacht, und es war der Platz, an dem sich die sakrale Kunst in Form von Malerei, Bearbeitung von Holz, Bronze und Silber, in Tanz und Schauspiel voll entfalten konnte. Die Klosterburgen mit ihren umfangreichen Bibliotheken waren die Stätten der Bildung, Schulung und Gelehrsamkeit. Es war allgemein üblich, einen Sohn aus der Familie ins Kloster zu schikken, der sich nach einer bestimmten Zeitspanne entscheiden konnte, für immer im Orden zu bleiben oder ins weltliche Leben zurückzukehren. So ist bis zum heutigen Tag die Geschichte Bhutans identisch mit der Geschichte der Dzongs.

Geschichte Bhutans

Für die Völker im Norden der Himalayakette waren die Gebiete im Süden seit Menschengedenken begehrte Lebensräume und oft Stätten der Zuflucht, wenn in Tibet Krieg, Verfolgung und Not herrschten. Die letzte große Einwanderungswelle aus dem nördlichen Nachbarland in die meisten Himalayaländer erfolgte in den fünfziger Jahren, nach der chinesischen Invasion. In Bhutan wurden 3000 tibetische Flüchtlinge aufgenommen.

Über die Urbevölkerung ist kaum etwas bekannt, auch die Geschichte bis zur Staatsgründung am Anfang des 17. Jahrhunderts ist wenig gesichert und sehr lückenhaft, da es bis zu diesem Zeitpunkt weder eine zentral gelenkte Führung noch eine staatliche Einheit gab. Leider sind viele wichtige und wertvolle Dokumente und Schriften in den Dzongs, die mehr Licht in die Geschichte des Königreichs hätten bringen können, in Feuersbrünsten und durch Naturkatastrophen vernichtet worden. Es hat den Anschein, daß die Bewohner der Klosterburgen Schwierigkeiten im Umgang mit Feuer hatten, da beinahe alle Dzongs von den Flammen heimgesucht wurden, manche sogar mehrmals.

König Srongtsen Gampo, der für die Entwicklung der buddhistischen Religion in den Himalayaländern eine wichtige Rolle spielte, hat auch in Bhutan seine Spuren hinterlassen. Die beiden ältesten Bauwerke im Land, den Ky-

Novizen beim Zubereiten der Butterlampen in einem Klosterhof. Der manchmal sorglose Umgang mit den kleinen Lichtern war häufige Ursache für die schweren Feuersbrünste in vielen Klöstern.

ichu Lhakhang (Tempel) im Paro-Tal und den Jampe Lhakhang in Bumthang (östliches Bhutan), ließ er im 7. Jahrhundert erbauen.

Guru Padmasambhava ist in Bhutan neben dem historischen Buddha Shakyamuni der meist- und höchstverehrte Heilige. Er hat eine höhere Stellung als der Dalai Lama. Sein Abbild erscheint in zahllosen Figuren, auf Wandmalereien und den unterschiedlich großen Thangkas. Manche dieser Rollbilder, wie zum Beispiel jenes in Paro, das mit seiner Größe von etwa 600 Quadratmetern sicherlich eines der größten im Himalaya ist, werden nur zu bestimmten Festen der Öffentlichkeit gezeigt. Der Magier und Guru Rinpotsche war wie kaum eine andere Gestalt von Legenden und Geschichten umsponnen. Es wird berichtet, daß er im 8. Jahrhundert zweimal das Land besuchte, um dem Buddhismus, ähnlich wie in Tibet, zum Durchbruch gegen die Bönreligion zu verhelfen. Seine Anhänger gründeten später den ersten und damit ältesten Rotmützenorden, die Schule der Nyingmapa.

Im 9. Jahrhundert versuchte der grausame König Langdarma in Tibet, der Bönreligion wieder die ursprüngliche Stellung zu verschaffen, indem er rigoros Buddhisten verfolgte und ermordete. Viele hohe Lamas, Mönche und Anhänger der Lehre flohen ins benachbarte Bhutan, in ein Land, in dem Fürsten, Sippen und Clans in den verschiedenen Gebieten und Talschaften die Macht ausübten.

Anfang des 17. Jahrhunderts war der Einfluß der gelben Kirche in Tibet so stark, daß der Abt des Klosters Ralung (Rotmützen) gezwungen wurde, dieses aufzugeben. Er fand Zuflucht in Bhutan, wo bereits seine Kirche, der Drukpa-Orden, seit dem 12./13. Jahrhundert etabliert war. Shabdung Ngawang Namgyal, der Flüchtling aus Tibet, gewann bald soviel Einfluß und Macht, daß es ihm gelang, die in Zwietracht lebenden Sekten und Herrscher unter seiner Führung zu vereinen und ein geeinigtes Land zu schaffen, das er Druk Yul nannte. Seinen Orden der Drukpa erhob er zur Staatsreligion.

Mit Shabdung Ngawang Namgyal, dem geistlichen und weltlichen Oberhaupt, beginnt im Jahr 1616 die eigentliche Geschichte von Bhutan. Um den neugeschaffenen Staat zu festigen und vor Feinden zu schützen, begann er mit dem Bau bedeutender Dzongs und Wehrtürme. Es gelang ihm, mehrere Einfälle aus Tibet erfolgreich abzuwehren. Für die Verwaltung der einzelnen Regionen setzte er Verwalter ein, sogenannte Penlops, die ihren Amtssitz in den Dzongs hatten. Als höchste Autorität der Kirche wurde ein Je Khempo und für weltliche Dinge ein Deb Raja ernannt. Die Aufteilung der Herrschaft nach seinem Tod an einen weltlichen und geistlichen Regenten, einen Dharma Raja und einen Deb Raja, jeweils Reinkarnationen, brachte auf Dauer gesehen dem Land nicht die erforderliche Stabilität. Das Reich zerfiel mehr oder weniger, bis im Jahr 1907 der Penlop von Tongsa, Ugyen Wangchuck, zum ersten König von Bhutan gewählt wurde. Seine Nachfolger waren ebenso kluge wie weitsichtige Regenten. Reformen gegenüber aufgeschlossen, die politischen Verhältnisse überblickend, verließen sie die über Jahrhunderte andauernde Isolation. Nach dem frühen Tod des Vaters übernahm 1972, erst 17 Jahre alt, Jigme Singye Wangchuck eine schwere Bürde für das kleine Königreich im Himalaya.

Kinder von Familien, die beim Straßenbau arbeiten. Durch ihre hübschen Gesichter kommt zum Ausdruck, wie vielfältig die Rassen im Himalaya sind.

Nomadenzelt unterhalb des 4750 Meter hohen Nheli La
in Westbhutan. In den Sommermonaten leben einige
Familien mit ihren Yakherden auf den Hochweiden.

Oktober – Erntezeit im Paro-Tal. Auf den mit Schindeln gedeckten Dächern trocknen Chilischoten, und auf den Feldern wird der Reis geerntet. Die zweigeschossigen Häuser sind eine Verbindung aus Holz und gestampften Lehmwänden. Die Fenster sind ohne Glas.

Dieses Haus im Tal des Mo-Chu nördlich von Punakha zeigt eine aufwendige Bauweise aus Bruchsteinmauern und einem Fachwerk aus Holz, Bambus und Lehm. Die Frau bringt Futter für die Ziegen.

◁ Die vielleicht größte Klosterburg, der Dzong von Tongsa, liegt in der Mitte von Bhutan. Tongsa ist die Heimat der Wangchuck-Dynastie, aus der bis heute vier Könige hervorgegangen sind.

Gebetsfahnen auf einem Bergrücken oberhalb von Thimphu, der Hauptstadt Bhutans.

Novizen beim Lesen der heiligen Schriften im Punakha-Dzong. In früheren Jahren waren die Klöster die einzigen Stätten für eine umfangreiche Bildung. Es war üblich, einen Sohn der Familie in den Dzong zu schicken. Heute besuchen die meisten Kinder Schulen.

Mönche in einem der Innenhöfe des Tongsa-Dzong. Kunstfertigkeit und handwerkliches Können sind in Bhutan hochentwickelt. Das zeigt sich besonders deutlich in der Architektur und in der Verarbeitung von Holz. Es werden keine Nägel verwendet.

Zwei Mönche bei der Andacht im Paro-Dzong. Sie sitzen ganz allein in der großen Versammlungshalle. Es ist ein besonderes Erlebnis, solch einer Zeremonie beizuwohnen.

Die neuere von zwei ähnlichen Darstellungen des Padmasambhava im Kloster Taktsang. Guru Rinpotsche in seiner schrecklichen Form auf dem Tiger stehend (links). Tänzer mit Maske. Der Tanz ist wichtiger Bestandteil religiöser Feste (rechts).

Der Dzong von Ghasa im Nordwesten mit dem 6500 Meter hohen Kang Bum. Eine der kleineren, aber schönsten Klosterburgen in Bhutan.

Ausschnitt aus dem kosmischen Mandala im Paro-Dzong. Dieses berühmte Mandala aus einer Dreiergruppe ist eine ungewöhnliche künstlerische Darstellung. Sie versucht, die Entstehung unserer Welt, einer von vielen Welten, mit Hilfe menschlicher Symbolik zu erklären.

Namenlose Grenzberge beim Aufstieg zum 4900 Meter hohen Shinje La im Nordwesten Bhutans.

Nicht der höchste, aber der bekannteste Berg in Bhutan, die 7315 Meter hohe Chomolhari (Herrin der Götterberge) an der westlichen Grenze zu Tibet.

Novize im Tongsa-Dzong. Unten auf den Balken der
»Unendliche Knoten«, eines der acht Glückssymbole im Buddhismus.

Der Junge aus dem Paro-Tal trägt sein
Schwesterchen in einem Tuch auf dem Rücken.

Im Gegensatz zu den meisten anderen Frauen und Mädchen in Bhutan tragen jene aus Laya ihr Haar offen und lang unter originellen Bambushütchen. Stoffe und Kleider werden meist in Eigenproduktion hergestellt.

Laya (3800 m) im äußersten Nordwesten Bhutans, liegt auf einer Terrasse über tief eingeschnittenen Tälern. Die gelben Gerstefelder werden Ende September abgeerntet.

Der Fensterstock eines Hauses in Laya ist verziert
mit Ornamenten, Blumen und religiösen Motiven.
Im weiß getünchten Gefach die Abbildung eines Yak.

Es ist sehr selten, daß Fremde nach Laya kommen. Die
Tochter unserer Gastgeberin (rechts) hat sich deshalb mit
ihren schönsten Ketten geschmückt.

Der Oberlauf des Paro-Chu, einer der vielen klaren Flüsse und Bäche in Bhutan.

Ein Telebild der Chomolhari-Gruppe, aufgenommen
beim Aufstieg zum 4900 Meter hohen Shinje La.

Anhang

Arunachal Pradesh

Das Land der Morgenröte, der aufgehenden Sonne – so lautet die Übersetzung für Arunachal Pradesh, östlichstes Gebiet der Himalayakette. In älteren Atlanten und Kartenwerken liest man noch den Namen NEFA, die Abkürzung für »North East Frontier Agency«. Die Engländer gaben dem Land nach der Konferenz von Simla im Jahr 1914 diese Bezeichnung, als sie die nördlichen Grenzen zwischen ihrem Territorium und Tibet ausgehandelt hatten. Da diese sogenannte McMahon-Line später von den Chinesen nicht anerkannt wurde, entstand 1962 der Krieg zwischen den beiden Superblöcken im Norden und Süden des Himalaya. Die Grenzfrage blieb aber weiterhin offen und ungeklärt, denn es geht hierbei um ein großes Gebiet, das die Chinesen weiterhin für sich beanspruchen. Das ist einer der wichtigsten Gründe, warum Arunachal Pradesh für Fremde nicht zugänglich ist. Selbst indische Staatsbürger brauchen eine Sondergenehmigung.

Das rund 84000 Quadratkilometer große Gebiet entspricht etwa der doppelten Größe der Schweiz und grenzt im Westen an Bhutan, im Norden an Tibet und China und im Osten an Burma. Es reicht also weit über die Schluchten des Dihang hinaus. Das ist derselbe Fluß, der in Tibet Yarlung Tsangpo und im indischen Tiefland Brahmaputra heißt. Der tief eingeschnittene Dihang bildet hier die östliche Grenze des Himalaya. Die topographische Situation hat Ähnlichkeit mit derjenigen des Indus, der im Westen den Nanga Parbat umfließt. Das hat der Mensch so geordnet und festgelegt, wenngleich die Gebirgsketten weder in dem einen noch im anderen Tal ein Ende haben.

Auf einer Entfernung von 440 Kilometern, zwischen der Ostgrenze Bhutans und dem Tsangpoknie, erreicht der Himalaya längst nicht mehr die Höhen wie im zentralen Teil oder dem Karakorum. Mit 7090 Metern macht der Kangtö, der höchste Gipfel in Arunachal Pradesh, eine Ausnahme. Ebenso die Namcha Barwa, die sich am östlichen Ende des 2400 Kilometer langen Himalayakamms zu einer Höhe von 7755 Metern aufschwingt. Dieser Berg, er liegt ganz in Tibet, ist einer der unbekanntesten und der höchste der noch unbestiegenen Gipfel der Erde.

Arunachal Pradesh ist das niederschlagsreichste Gebiet des gesamten Himalaya. Riesige Urwälder mit einer sehr üppigen Vegetation bedecken die Schluchten und Täler bis in Höhen von 4600 Metern.

Der erst 1987 geschaffene indische Bundesstaat ist mit geschätzten 600000 Einwohnern der am dünnsten besiedelte von ganz Indien. Die meisten der hier lebenden Volksstämme sind autark, wenig bekannt und kaum erforscht. Einige von ihnen gelten noch immer als kriegerisch und fremdenfeindlich. Dies bekamen die Engländer schon um die Jahrhundertwende bei ihren Expeditionen ins Gebiet des Dihang und Tsangpo zu spüren. Bekannt wurde der Stamm der Apa Tani durch die Veröffentlichungen des Völkerkundlers von Fürer-Haimendorf, der mit seiner Frau in den vierziger Jahren dieses Volk besuchte und kennenlernte. Der Rasse nach gehören all diese Stämme der großen tibeto-birmanischen Sprachfamilie an. Ihre Kulturen und Lebensweisen sind recht unterschiedlich und reichen von den urtümlichen Formen der Jagd, von Sammeln und Brandrodung bis hin zur Kultur der Mönpa, das sind Bauern, Händler und Mönche im Tal von Tawang, in dem der Buddhismus bereits im 11. Jahrhundert Fuß faßte. Aus der Zeit des Reformators Tsongkhapa stammt das Gelugpa-Kloster Tawang Ganden, in dem mehr als 200 Mönche leben.

Fotografie im Gebirge

Am 8. August 1786 erreichen Jacques Balmat und Michel Paccard den Gipfel des 4807 Meter hohen Mont Blanc, den höchsten Punkt der Alpen. In dieser Zeit gibt es noch keine Fotografie, um das historische Ereignis festhalten zu können.

Als im Jahr 1865 einer der schönsten Berge der Welt, das Matterhorn, bestiegen wird, ist die Fotografie zwar geboren, steckt aber noch so sehr in den Kinderschuhen, daß der Engländer Edward Whymper die dramatischen Ereignisse mit dem Zeichenstift festhält.

In den Alpen sind längst alle Gipfel bestiegen, und die großen Ziele liegen im Himalaya und Karakorum. Am 3. Juni 1950 stehen erstmals zwei Menschen auf einem Achttausender. Das Gipfelfoto, das Lachenal von seinem Freund Maurice Herzog macht, geht um die Welt. Beide Männer müssen ihren Erfolg mit erfrorenen Händen und Füßen teuer bezahlen. Drei Jahre später erreichen Sherpa Tensing und Edmund Hillary den höchsten Punkt der Erde. Hillary legt die Sauerstoffmaske ab, nimmt seine Retina und fotografiert Tensing mit erhobenem Eispickel und auf dem Gipfel des Mount Everest. Die Fotos, einzigartige Dokumente, liegen heute in der Sammlung der Britischen Geographischen Gesellschaft.

Bergfotografie damals und heute

Im August 1839 wird in Paris das fotografische Verfahren von Niépce und Daguerre der Öffentlichkeit vorgestellt. Sieben Jahre später entsteht eine der ersten Bergfotografien. Die mit schwerem Stativ und großer Holzkamera aufgenommene Daguerreotypie zeigt den Rofner Eissee in den Ötztaler Alpen. Der Franzose Martens steigt 1854 mit einer Anzahl von Trägern und schwerster Ausrüstung über die steilen Flanken des Brevent. Gute 800 Meter über dem Talboden von Chamonix findet er einen günstigen Standpunkt für den Aufbau seiner fotografischen Apparaturen. Es entsteht ein aus 14 Einzelbildern zusammengesetztes Mont-Blanc-Panorama. Zwei Jahre später starten die Gebrüder Bisson ein großes und schwieriges Unternehmen zum Gipfel des Mont Blanc, um erstmals dort oben fotografische Aufnahmen zu erstellen. Beim Abstieg geschieht dann das Unglück.

Durch Unachtsamkeit eines Trägers gehen die wertvollen belichteten Glasplatten zu Bruch. Fünf Jahre danach wiederholt Auguste Bisson die Besteigung. Trotz Sturm, Kälte und widriger Umstände gelingt es unter größten Strapazen, auf den Gipfel zu gelangen. Drei Aufnahmen im Format 44×54 cm werden angefertigt. Es ist heute schwer, sich vorzustellen, daß die großen Platten kurz vor der Belichtung in einem Dunkelkammerzelt mit einer Jodkollodiumschicht präpariert wurden, um sie dann im nassen Zustand zu belichten und sofort zu entwickeln. Das alles in Eis, Schnee und einer Höhe von 4807 Metern.

Vittorio Sella, ein großer Alpinist, ist der bedeutendste »Bergfotograf« seiner Zeit. In Biella, den Walliser Alpen ganz nahe, wird er 1859 geboren. Als junger Mann besteigt er den Mont Blanc, das Matterhorn und andere Westalpenberge, einige sogar im Winter. Seine erste große Reise führt ihn 1888 für zwei Jahre (!) in den Kaukasus. In der Zeit danach lädt ihn der Herzog der Abruzzen zu Expeditionen ein, nach Alaska, dem Ruwenzori-Gebirge, in den Himalaya und Karakorum. Von all diesen Unternehmungen bringt er hervorragendes Bildmaterial heim.

Was seine Aufnahmen neben dem hohen dokumentarischen Wert auszeichnet, ist die künstlerische Qualität, die ein geschultes Auge und viel Einfühlungsvermögen erkennen lassen. Sella stirbt 1943 in seiner Heimatstadt Biella. Er hinterläßt dort 6000 großformatige Bildwerke.

Trockenplatte, Rollfilm und Leica

Der technische Fortschritt auf dem Gebiet der Fotografie macht Riesenschritte. Die Kameras werden kleiner, leichter und die Objektive lichtstärker und schärfer. Die Trockenplatte wird erfunden und George Eastman bringt schon 1884 in Amerika den Rollfilm auf den Markt. So wird die Fotografie immer mehr Menschen zugänglich gemacht.

Oskar Barnack konstruiert im Jahr 1914 bei Leitz in Wetzlar die Leica, die bahnbrechende Neuerung im Kamerabau. Damit wird nicht nur eine schnelle, bewegliche Kleinbildkamera geschaffen, sondern die Fotografie wird in völlig neue Bahnen gelenkt und entscheidend beeinflußt, bis zum heutigen Tag. Nach dem Ersten Weltkrieg, 1925, geht die Leica in Serienfertigung – die Kleinbildfotografie erobert die Erde und die Welt der Berge.

Fotografie – mehr als Ablichten und Dokumentieren

Das Hochgebirge mit seiner Menschenfeindlichkeit, seinen Geheimnissen und einer übergroßen Natur hat immer wieder Menschen in seinen Bann gezogen. Unter ihnen auch Maler, Künstler und Fotografen, Leute, die sich damit plagen, Eindrücke und Gefühle einer heroischen Landschaft in Bilder umzusetzen. Bei oberflächlicher Betrachtungsweise könnte leicht der Eindruck entstehen, daß nichts einfacher sei als das Abbild der Berge. Gibt es denn eine andere Landschaft, die so vielfältig, so erhaben, so abwechslungsreich ist und eine solche Vielzahl an Motiven bietet wie die Berglandschaft? Und gerade hierin liegt die Schwierigkeit: Aus dem Überangebot und aus der Fülle das Wesentliche, das Eindrucksvolle – das »gute« Bild – herauszusehen. Wenn Fotografie über das bloße Ablichten und Dokumentieren hinausgehen soll, dann müßte der Fotograf fähig sein, auch Empfindungen in Bildern zu vermitteln. Das Geheimnisvolle und die Größe des Gebirges, Einsamkeit, Wärme, Kälte und Sturm müßte der Betrachter seiner Bilder spüren und nachempfinden können.

Das gute Bild entsteht selten durch Zufall – eher durch Geduld, Fleiß und Ausdauer; oft muß es hart erarbeitet werden. Es ist ein Unterschied, ob man ins Gebirge geht oder auf Berge steigt, um für einen Auftrag zu arbeiten, für ein bestimmtes Ziel, um fotografische Ideen zu verwirklichen, oder ob eine Wand, ein Gipfel im Vordergrund stehen. Der fotografierende Bergsteiger wird bei der Zusammenstellung seiner Berg- und Fotoausrüstung andere Kriterien zugrunde legen als der bergsteigende Fotograf. Letzterer wird seine Kameraausrüstung auf das gewünschte Bildthema hin optimal zusammenstellen, während der Bergsteiger versucht, den Rucksack so leicht wie möglich zu halten – die Kamera darf nicht zum Ballast werden. Fotografie im Hochgebirge, von Paßstraßen und Bergbahnstationen einmal abgesehen, erfordert soviel Erfahrung, körperliche Fitness, bergsteigerisches Können und eine Portion Idealismus, damit der Fotograf trotz der Anforderungen in der Lage ist, sich seiner Aufgabe zu widmen.

Zu den Aufnahmen des Buchs

Die 265 Bilder dieses Buchs sind eine Auswahl aus Tausenden von Aufnahmen. Sie entstanden in einem Zeitraum von 15 Jahren bei vielen Trekkingtouren und Expeditionen, die ich für den Summit Club des Deutschen Alpenvereins führte, und bei privaten Reisen und Aufenthalten im Himalaya und Karakorum. Die Bilder entstanden unter den unterschiedlichsten – zum Teil extremen – Bedingungen, zu allen Jahres- und Tageszeiten; bei großer Hitze in den Gesteinswüsten des Karakorum, bei tiefen Temperaturen in den Regionen des ewigen Eises und bei hoher Luftfeuchtigkeit in den tropischen Wäldern der tief gelegenen Himalayatäler. Nur jemand, der selbst über Jahre hinweg unter ähnlichen Voraussetzungen gearbeitet hat, kann ermessen, welch hohe Anforderungen im höchsten Gebirge der Erde an ein Kamerasystem gestellt werden. Mit Genugtuung kann ich heute sagen, daß mich meine beiden Leica-Gehäuse samt Objektiven in all den Jahren nie im Stich gelassen haben.

Meine Standardausrüstung ist auf allen Reisen, von unwesentlichen Änderungen einmal abgesehen, gleich geblieben. Die am häufigsten verwendete Zusammenstellung besteht aus zwei R-Gehäusen und fünf Objektiven mit den Brennweiten (in mm) 28, 35, 90 und dem Vario-Elmar 70–210. Als Normalobjektiv hat sich das 60er Macro-Elmarit mit seinem weiten Anwendungsbereich von 27 Zentimetern bis unendlich bestens bewährt. Der Verzicht auf jegliche Fremdobjektive muß hier nicht weiter erwähnt werden. Bei allen Aufnahmen in größeren Höhen oder in Schnee und Eis verwende ich Skylightfilter, um den erhöhten Blauanteil des Lichts zu absorbieren. Generell verzichte ich auf alle möglichen Farb- und Effektfilter, außer einem Polarisationsfilter, um bei manchen Landschaftsaufnahmen Kontrast und Farbe zu steigern. Diese sind die einzigen Verfremdungen, die ich mir erlaube. Blitzlicht kommt nicht zum Einsatz, da es Stimmung und Atmosphäre zerstört. Während Andachten und Versammlungen in Klöstern und Tempeln ist der Gebrauch von Blitzlicht nicht nur störend, sondern einfach rücksichtslos. Die Innenaufnahme im Haus meiner Gastgeber auf Seite 91 machte ich mit Stativ, offener Blende und ½ Sekunde Belichtungszeit. Bei dem Bild eines Wohnraums in einem Sherpa-Haus, Seite 171, lehnte ich die Leica an eine Holzsäule, um 1/15 Sekunde nicht zu verwackeln. Das Stativ ist eine wertvolle Hilfe bei vielen Aufnahmen, wenn nicht ausreichend Licht vorhanden ist, um verwacklungsfrei auszulösen. Das gilt hauptsächlich für das Arbeiten mit langen Brennweiten oder mit kleinen Blenden, wenn zum Beispiel viel Tiefenschärfe erforderlich ist. Einige Beispiele dafür finden wir auf den Seiten 8, 108, 142, 147, 178, 257. Zur beschriebenen Ausrüstung kommen noch ein Staubpinsel, ein Drahtauslöser und frische Ersatzbatterien hinzu. Wer unter extremen Bedingungen arbeitet, sollte seine wertvollen Geräte vor äußeren Einflüssen wie Nässe, Sand und Stößen bestmöglich schützen. Unter dem Riesenangebot an Taschen, Koffern und Behältern haben sich für meine Bedürfnisse luftdichte Alu- und Plastikboxen, die es inzwischen in vielen Größen gibt, bestens bewährt.

Das Abbilden von Menschen

Nirgendwo trifft der Fotograf auf ein so heikles und empfindliches Gebiet wie beim Fotografieren von Menschen. Das beginnt schon im Familien- und Bekanntenkreis und wird ganz schwierig bei Aufnahmen von Menschen in fremden Ländern. Da wäre es sehr wichtig, sich vorher über die Religion, über Sitten und Gebräuche im betreffenden Land zu informieren, um wenigstens zu wissen, was erlaubt und was unerlaubt ist. In muslimischen Ländern – im Himalaya und Karakorum sind es die zu Pakistan gehörenden Gebiete – ist es ein grobes Vergehen, fremde Frauen aufzunehmen, und es ist nichts Ungewöhnliches, daß Männer Steine werfen und mit gewalttätigen Handlungen reagieren, wenn ungläubige Fremde dieses Verbot mißachten. Takt, Gefühl und die Achtung des anderen sind immer Voraussetzung für Bilder von Menschen, egal ob es sich um Kinder oder Erwachsene handelt, egal ob in einem reichen oder armen Land.

Die Porträts und Menschenbilder dieses Buches sind Zufallsprodukte, wenige sind arrangiert, einige wurden unbemerkt oder mit einer langen Brennweite aufgenommen. Für die meisten Bilder fragte ich mit Worten und Gesten um Erlaubnis bei unseren Trägern und Begleitern, bei meinen Gastgebern, jenen, die denselben Weg gingen oder die mir begegneten. Nur selten erhielt ich eine Absage, die ich dann aber immer respektierte. Das Bildnis des Pilgers auf Seite 141 erkaufte ich mit zehn Rupees, das war der Preis, den der Mann verlangte. Manche Fotos sind Schnappschüsse mit dem Teleobjektiv, unbemerkt, wie jenes der Newar-Frau auf Seite 164, oder bemerkt, wie das Bild der Tibeter auf Seite 227. Diesen Besuchern im Kloster Tashi Lhünpo war mit großer Wahrscheinlichkeit eine Kamera noch unbekannt. Es sollte viel Mühe und Überlegung wert sein, einen Menschen mit der Kamera nicht zu verletzen und seine Persönlichkeit zu respektieren.

Glossar

Aga Khan – religiöses Oberhaupt der Ismailiten, einer muslimischen Sekte
Akbar – Mogul-Kaiser in Indien, 16. Jahrhundert
Amsuvarma – bedeutender Herrscher in Nepal, Anfang des 7. Jahrhunderts
Arniko – berühmter nepalischer Künstler und Architekt, der im 13. Jahrhundert auch in Tibet und China tätig war
Ashoka – indischer Kaiser im 3. Jahrhundert vor Christus
Avalokiteshvara – der Bodhisattva der unendlichen Güte und des großen Mitleids (siehe auch Tschenresi)
Balti – die Bewohner Baltistans. Sie sind indo-arischer Abstammung, sprechen aber tibetisch
Bhaktapurprojekt – deutsch-nepalisches Projekt, das hauptsächlich die Sanierung wichtiger Bauten und Stadtviertel in Bhaktapur zur Aufgabe hatte
Bhote (auch Bhotia) – unter Bhote versteht man die aus Tibet in die verschiedenen Himalayaländer eingewanderten Stämme und Volksgruppen
Bodhisattva – ein Wesen, das die Erleuchtung erlangt hat, aber auf Buddhaschaft und Nirwana verzichtet, um allen Lebewesen zu helfen, wie zum Beispiel Avalokiteshvara
Bhrikuti – Tochter des nepalischen Königs Amsuvarma und spätere Frau des tibetischen Königs Srongtsen Gampo
Bönreligion – die Religion in Tibet vor dem Buddhismus, die sich in einigen Gebieten des Himalaya noch erhalten hat
Bönpo – Anhänger der Bönreligion
Burushaski – Sprache der Hunza und Nager im westlichen Karakorum
Chaitya – andere Bezeichnung für Stupa
Chandra Shamsher – Herrscher aus dem Geschlecht der Rana, schafft 1924 in Nepal die Sklaverei ab
Chetri – indo-arische Volksgruppe in Nepal
Chipko-Bewegung – Volksbewegung im Garhwal-Himal gegen das rigorose Abholzen des Walds. Frauen, Männer und Kinder umarmen die Bäume, um das Baumfällen zu verhindern. Chipko heißt umarmen
Dalai Lama – Tenzin Gyatso, geboren 1935. Geistliches und weltliches Oberhaupt Tibets, lebt seit 1959 im Exil im indischen Städtchen Dharamsala
Darden – Bewohner Dardistans (Region Gilgit). Sie leben auch im Dras-Tal. Ihre Sprache ist das Shina
Dharma-Cakra – Rad der Lehre, das Buddha in Bewegung setzte
Dorje – Diamantzepter, auch Vajra oder Donnerkeil genannt, ist ein wichtiger Ritualgegenstand im tibetischen Buddhismus, der fast immer in Verbindung mit der Glocke (Ghanta) benutzt wird. Unter anderem ein Symbol für vollkommene Weisheit und allumfassende Erkenntnis
Druk Yul – Land des Donnerdrachens, so nennen die Bhutaner ihr Land. Das Wort leitet sich ab von der in Bhutan dominierenden Drukpasekte, einem Zweig des alten Kargyüpaordens
Dschingis-Khan – berühmter Mongolen-Herrscher, der im 13. Jahrhundert große Teile Asiens beherrschte und dessen Reiterheere bis nach Europa vordrangen
Dzo – Kreuzung zwischen Yak und Rind
Dzong – Klosterburg in Bhutan
Gelugpa – die Tugendhaften, bedeutender, von dem Reformer Tsongkhapa im 14. Jahrhundert gegründeter Orden. Die Bezeichnung Gelbmützen und gelbe Kirche kommt von den gelben Hüten der Mönche im Gegensatz zu den Rotmützen des alten Nyingmapa-Ordens
Gompa – häufig gebrauchte Bezeichnung für Kloster
Gondwanaland – ein vor 200 Millionen Jahren zusammenhängender Kontinent auf der Südhalbkugel, bestehend aus Afrika, Südamerika, Antarktis, Australien und dem indischen Subkontinent
Gurkha – auch Gorkha genannt, ist eine kleine Stadt, 90 Kilometer nordwestlich von Kathmandu. Die Shah von Gurkha, ursprünglich aus Indien geflohene Rajputen, eroberten 1768/69 das Tal von Kathmandu. Die Engländer bezeichnen später alle nepalischen Soldaten als Gurkha, die im ethnologischen Sinn aber keine Volksgruppe darstellen
Gurung – altnepalischer Volksstamm, zur tibeto-birmanischen Sprachfamilie zählend
Hanuman Dhoka – bekanntester Platz in Kathmandu am alten Königspalast. Der Name leitet sich ab von dem Standbild des Affengotts Hanuman neben dem Tor (Dhoka) zum Palast
Hinayana Buddhismus – die Lehre vom »Kleinen Fahrzeug«, im Gegensatz zur Lehre des »Großen Fahrzeugs«, dem Mahayana
Hindi – die Amtssprache in Indien
Hunza – Volksstamm im westlichen Karakorum
Imam – Nachkomme Mohammeds. Die Ismailiten verehren den Aga Khan als ihren göttlichen Imam
Jampe Lhakhang – dem Buddha Maitreya geweihter Tempel, eines der ältesten Bauwerke Bhutans, von dem tibetischen König Srongtsen Gampo im 7. Jahrhundert gegründet
Jang Bahadur Rana – mit ihm begann 1846 die 104 Jahre dauernde Herrschaft über Nepal
Jaya Stithi Malla – Herrscher über das ungeteilte Kathmandu-Tal (1382–1395)
Jaya Yaksha Malla – Herrscher über das ungeteilte Kathmandu-Tal (1429–1482)
Jigme Singye Wangchuck – der jetzige König von Bhutan
Jokhang – heiligster Tempel in Lhasa, bedeutendstes Heiligtum in Tibet, von Srongtsen Gampo im 7. Jahrhundert erbaut
Kala Bhairava – schreckliche Form des Gottes Shiva (kala = schwarz)
Kanishka – König der Kushanen (2. Jahrhundert n. Chr.)
Kargyüpa – einer der alten und wichtigsten Orden (Rotmützen) im tibetischen Buddhismus
Karma – die Summe der guten und schlechten Gedanken und Taten
Khathak – Schal, der Glück und Segen bringt, der vor Gefahren und Unheil bewahrt
Khubilai Khan – der Mongole wird Kaiser von China und Begründer der Yuan-Dynastie (1215–1294)
Khumb Mela – das größte Fest Indiens, das alle zwölf Jahre in Allahabad, am Zusammenfluß von Ganga und Yamuna, gefeiert wird
Kshatriya – ehemalige Kaste der Krieger
Kubera – einer der vier Weltenhüter oder Himmelswächter, als Wandmalerei fast immer am Eingang eines buddhistischen Klosters
Kyichu Lhakhang – wurde, wie der Jampe Lhakhang, im 7. Jahrhundert von Srongtsen Gampo erbaut
Langdarma – tibetischer König der Yarlung-Dynastie im 9. Jahrhundert, Anhänger der Bönreligion und grausamer Verfolger der Buddhisten
Lepcha – die Ureinwohner von Sikkim
Licchavi – Dynastie, die rund 600 Jahre, bis ins 9. Jahrhundert, im Kathmandu-Tal regierte
Limbu – altnepalischer Volksstamm, zur tibeto-birmanischen Sprachfamilie zählend
Lingam – das männliche Glied als Symbol Shivas
Mahayana Buddhismus – die Lehre vom »Großen Fahrzeug«
Mahendra – König von Nepal (1955–1972)
Maitreya – der zukünftige Buddha der Liebe
Manadeva – Licchavi-Herrscher im 5. Jahrhundert
Mandala – magischer Kreis mit mystischen Figuren und Diagrammen
Mangar – altnepalischer Volksstamm, zur tibeto-birmanischen Sprachfamilie zählend
Manitschökhor – Gebetszylinder in verschiedenen Ausführungen
Manjusri – Bodhisattva der höchsten Weisheit
Mantras – heilige Wortsymbole und Keimsilben; zum Beispiel »Om Mani Padme Hum«
Milarepa – tibetischer Jogi, Dichter, Mystiker und Heiliger (1040–1123). Seine »Hunderttausend Gesänge« gelten als ein Stück Weltliteratur
Nager – ehemaliges Fürstentum im westlichen Karakorum
Newar – Ureinwohner des Kathmandu-Tals; zählen auch zur tibeto-birmanischen Sprachfamilie
Nirwana – das höchste Ziel des Buddhisten. Es bedeutet den Ausstieg aus dem ewigen Kreislauf der Wiedergeburten in einen daseinslosen Zustand der vollkommenen Leere
Padmapani – der Lotosträger, eine Form des Avalokiteshvara
Padmasambhava – der Lotosgeborene wird häufig als Guru Rinpotsche, ehrwürdiger und kostbarer Lehrer, verehrt. Er gilt als der bedeutendste Verbreiter der buddhistischen Lehre in Tibet und den Ländern des Hima-

laya und Karakorum
Palden Thondup – der letzte König von Sikkim
Panchen Lama – Wiedergeburt des Buddha Amithaba. Der Sitz der Panchen Lamas war das Kloster Tashi Lhünpo in Shigatse
Parvati – Gemahlin von Shiva
Phallussymbol – die Einheit von Lingam und Yoni (männliches und weibliches Geschlecht)
Prithvi Narayan Shah – Eroberer des Kathmandu-Tals 1768/69, erster Herrscher der Shah-Dynastie und Gründer des modernen Nepal
***R**ai* – altnepalischer Volksstamm, zur tibeto-birmanischen Sprachfamilie zählend
Rajputen – vor den Muslimen aus Indien geflüchtetes Geschlecht, das sich im heutigen Gurkha niederließ und aus dem die Dynastie der Shah hervorging
Ralpatschen – tibetischer König der Yarlung-Dynastie (805–836)
Rana – die Familie Rana herrschte 104 Jahre über Nepal (1846–1951) und hielt das Land verschlossen
Rinchen Zangpo – auch unter Lotsawa (Übersetzer) bekannt. Er gilt als der Gründer von 108 Klöstern im westlichen Himalaya
***S**adhu* – heiliger Mann, Asket
Sakya Pandit – Großabt des Klosters Sakya in Südtibet im 13. Jahrhundert
Sanskrit – altindische Sprache, ist heute noch die Sprache der Gelehrten und Priester
Santarakshita – indischer Gelehrter, der mit Padmasambhava im Jahr 787 das Kloster Samje, das erste in Tibet, gründete
Shabdung Ngawang Namgyal – der Staatsgründer Bhutans (1616)
Shakti – die weibliche Entsprechung einer Gottheit
Sherpa – der bekannteste Volksstamm im Himalaya, wanderte vor gut 400 Jahren aus dem Gebiet Kham (Osttibet) nach Nepal ein
Shina – Sprache der Darden, die im Raum Gilgit und im Drastal, im westlichen Ladakh, gesprochen wird
Shinje – der Totengott, der das Rad des Lebens mit seinen Krallen umklammert
Shiva – der große Gott im Hinduismus, der Gott mit der Kraft der Zerstörung und der Schöpfung
Sikh – Angehöriger einer Religionsgemeinschaft, die aus dem Hinduismus hervorgegangen ist. Äußerliche Kennzeichen sind die Turbane und das lange Bart- und Haupthaar, das nicht geschnitten wird. Sie machen 1,7 Prozent der indischen Bevölkerung aus
Srongtsen Gampo – bedeutender König, Gründer des tibetischen Reichs im 7. Jahrhundert
***T**antra* – keine eigenständige Religion, sondern eine Geheimlehre, die sich im Mahayana-Buddhismus entwickelte. Tantra ist ein esoterischer Kult, in dem Magie, geheime Riten und sexuelle Praktiken eine Rolle spielen
Tara – die Weiße Tara ist die weibliche Entsprechung des Avalokiteshvara und die Schutzpatronin der Tibeter. Daneben gibt es andere Taras, auch in schrecklichen Formen
Tethys – Bezeichnung für das einstige Meer zwischen dem Gondwanaland im Süden und der riesigen Landmasse auf der nördlichen Erdhalbkugel
Thakali – tibetische Volksgruppe, die am Oberlauf der Kali Gandaki in Nepal siedelt
Thamang – altnepalischer Volksstamm, zur tibeto-birmanischen Sprachfamilie gehörend
Thangka – Rollbild mit auf Leinen oder Seide gemalten religiösen Motiven; zum Beispiel Mandalas, Buddhas, die großen Lehrer usw.
Tisong Detsen – tibetischer König der Yarlung-Dynastie im 8. Jahrhundert
Tribhuvan – nepalischer König der Shah-Dynastie (1911–1955), Großvater des Königs Birendra
Tschenresi – tibetischer Name für Avalokiteshvara. Er ist der Schutzpatron Tibets
Tschörten – Reliquienschrein, tibetische Bezeichnung für Stupa
Tsongkhapa – Gründer der Gelugpa-Sekte (Tugendhaften) im 14. Jahrhundert. Daraus entwickelte sich die Staatskirche (Gelbe Kirche) Tibets
***U**panishaden* – philosophische Erörterungen, ein Teil der vedischen Schriften
***V**ajra* – Diamantzepter, siehe auch unter Dorje
Veden – die heiligen Schriften im alten Indien
***W**akhi* – eine in den westlichen Karakorum eingewanderte indo-arische Volksgruppe mit gleichnamiger Sprache, die aus dem Wakhan gekommen ist
Weng Cheng – chinesische Prinzessin, eine Gemahlin des tibetischen Königs Srongtsen Gampo
***Y**amuna* – wichtiger Nebenfluß der Ganga (Ganges); wird auch als Göttin verehrt
Yoni – Symbol des weiblichen Geschlechts

Register

Gerade Ziffern verweisen auf Textstellen, *kursive* auf Abbildungsseiten.

USSR
AFGHANISTAN
Wakhan
Khunjerab-Paß
4935
Batura Muztagh
7785
Pasu
Shimshal
Hunza
7885
Disteghil Sar
Rakaposhi
7788
Spantik
7027
Arandu
Gilgit
K A R A K O R U M
K2 (Chogori)
8611
Broad Peak
8047
Askole
Masherbrum
7821
Gasherbrum
8068
Hushe
Karakorum-Paß
5575
Aksai Chin
Indus
Skardu
Khapalu
Nubra
Saser La
5328
Tato
Chilas
Nanga Parbat
8125
Shyok
Kargil
Khardung La
5365
Kaschmir
Zoji La
3529
Dras
Mulbekh
Leh
Tikze
Ladakh
Nun 7147
Pensi La
4300
Kun 7085
Jhelum
Srinagar
Hemis
Indus
Padam
Zanskar
Rupshu
Indus
Islamabad
Rawalpindi
Chenab
Shingo La
5050
PAKISTAN
Jammu
Jhelum
Dharamsala
Manali
Himachal Pradesh
T R A N S H
Sutlej
Kailash
6713
Manasarovar
Gangotri
Kamet
7756
Shivling
6542
Amritsar
Lahore
Jullundur
Sutlej
Ludhiana
Lipu La
5200
Gurla Mandhata
7728
Trisul
7120
Nanda Devi
7816
Api
7132
Saipal
7031
Garhwal
Kanjiroba
6883
Jumla
Yamuna
N
INDIEN
Ganga
Dhaulag
81
0
200
Kilometer
Bareilly
New Delhi

C H I N A
TIBET
M A L A Y A
Lhasa
Yarlung Tsangpo
Yamdrok
Shigatse
Gyala Pery
7150
7755
Namcha Barwa
Arunachal Pradesh
Kula Kangri
7554
Masang Kang
7200
Kangto
7089
Laya
Lunana
Shekar
Manang
Manaslu
8156
Ganesh Himal
7406
Sisha Pangma
8046
Nangpa La
5716
7146
Cho Oyu
8153
Mt. Everest
8848
Makalu
8481
Gaurisankar
Ama Dablam
6828
8598
Kangchendzönga
Sikkim
Natu La
4370
Chumbi
Chomolhari
7315
Thimphu
Paro
Punakha
Tongsa
Mo Chu
BHUTAN
Brahmaputra
apurna
8091
achapuchare
6997
Pokhara
Gurkha
Gangtok
Kathmandu
Bhaktapur
Arun
Darjeeling
Siliguri
NEPAL
Tista
Sankosh
Shillong
T e r a i

Die Übersichtskarte im Anhang zeichnete Eugen E. Hüsler, Dietramszell.

Literaturverzeichnis

Bonn, Gisela, Bhutan, Kunst und Kultur, Köln 1988
Bühler, Jean, Nepal, Lausanne 1964
David-Neel, Alexandra, Im Schatten des Himalaya, Wiesbaden 1953
Dyhrenfurth, G. O., Der dritte Pol, München 1960
Evans-Wentz, W. Y., Milarepa – Tibets großer Yogi, Bern 1985
Frembgen, Jürgen, Alltagsverhalten in Pakistan, Berlin 1987
Funke, Friedrich W., Die Sherpa und ihre Nachbarvölker, Frankfurt a. M. 1978
Gansser, Augusto, Bhutan-Himalaya, in: »Die Alpen«, 1983
Gerner, Manfred, Bhutan, Stuttgart 1981
Glasenapp, Helmut, Die fünf Weltreligionen, Köln 1987
Govinda, Lama Anagarika, Der Weg der weißen Wolken, Bern/München/Wien 1976
ders., Grundlagen tibetanischer Mystik, Bern/München/Wien 1976
Gruber, Ulrich, Pagoden, Yaks, Lamaklöster, Berlin 1970
Haab, Armin, Bhutan – Fürstenstaat am Götterthron, Gütersloh 1969
Haas, Ernst, Im Himalaya, New York 1978
Hagen, Toni, Nepal, Bern 1971
Hedin, Sven, Abenteuer in Tibet, Mannheim 1987
Hirschberg, Helga, Ladakh, das andere Tibet, München 1978
Jettmar, Karl, Die Religionen des Hindukusch, Stuttgart 1975
Keilhauer, Anneliese und Peter, Ladakh und Zanskar, Köln 1980
Khan, Pervez Ahmad, Karakorum, München 1987
Lauf, Ingo, Das Erbe Tibets, Bern 1972
Lechenberg, Harald, Himmel, Hölle, Himalaya, München 1958
Lehmann, Peter-Hannes, Tibet, Hamburg 1983
Longstaff, Tom, Ein Alpinist in aller Welt, Zürich 1971
Messner, Reinhold, Die Göttin des Türkis, München 1988
Olschak, Blanche C. / Gansser, Ursula und Augusto, Bhutan – Land der verborgenen Schätze, Bern 1969
Peissel, Michel, Königreiche im Himalaya, Wörgl 1985
Rowell, Galen, In the Throne Room of the Mountain Gods, San Francisco 1977
Schätz, Jos. Jul., Heiliger Himalaya, München 1952
Seemann, Heinrich, Nepal 2029, Stuttgart 1973
Tichy, Herbert, Himalaya, Wien 1968
Uhlig, Helmut, Himalaya, Bergisch Gladbach 1987
Wiesner, Ulrich, Nepal – Königreich im Himalaya, Köln 1976
Winkler, Jürgen, Nepal, Stuttgart 1976
Zimmer, Heinrich, Philosophie und Religion Indiens, Zürich 1979